Plaidoyer pour le chien II

Séverine Lesourd

Plaidoyer pour le chien II

Méthodes et techniques d'apprentissage

© 2021, Séverine Lesourd CIEC
Illustration : Séverine Lesourd CIEC
Édition : BoD – Books on Demand,
12/14 rond-point des Champs-Élysées, 75008 Paris
Impression : BoD - Books on Demand, Norderstedt, Allemagne
ISBN : 9782322269136
Dépôt légal : Juin 2021

« L'expérience c'est comme une chandelle
Elle n'éclaire que son propre chemin »

Sommaire
1ère Partie: Installer la Communication

2ème partie : Techniques et méthodes d'apprentissage

En tant que professionnelle, j'ai vu et vécu tellement d'expériences dans le domaine animalier! Si j'avais su je ne serai pas passé par ces chemins et je vois ces erreurs se répéter autour de moi.

Ce livre est un support théorique pour aider à améliorer et orienter au mieux la cohabitation des humains avec les chiens dans la détente, l'harmonie et cela d'une façon constructive.

Avant Propos

Choisir l'éducation canine, c'est apprendre à son compagnon comment grandir et s'intégrer dans notre vie d'humain. C'est avant tout un travail du maître sur lui et sur ses propres émotions pour agir dans le bien être du chien et non l'assister comme un bébé ; tous les deux grandiront et notre rôle est de les guider pour devenir des adultes avec un comportement idoine, capable de s'adapter et de tenir leur place dans notre société.

Tout organisme, tout être vivant est conçu pour grandir et évoluer ainsi que nos relations ; le fait d'installer une vrai communication avec son chien, de se comprendre mutuellement enrichit et fait évoluer la relation. On ne vit plus seulement l'un à côté de l'autre, mais l'un avec l'autre.

Car c'est ce qui se passe actuellement, les nombreux possesseurs de chien ne font que cohabiter avec leur chien, mais ne vivent pas avec. Ils ne se comprennent pas bien au fond, ils ne communiquent pas ou mal. Ainsi les hommes ont du mal à le faire entre eux et avec eux mêmes! D'ailleurs c'est de là d'où vient le grand problème de l'humanité et la base de nos discordes, guerres et souffrances.

„Connais-toi toi-même"(Socrate)

Les chiens sont des animaux domestiqués comme ceux de la ferme, c'est à dire qu'ils ont l'habitude d'être en compagnie des humains ; mais vivant en promiscuité des hommes , dans leur jardin et leur maison, le chien devient animal de compagnie. Il est important de les „civiliser", de leur apprendre à communiquer avec nous et à évoluer dans notre société à nos côtés pour éviter toute situation d'incompréhension mutuelle et permettre le bien être social pour tout le monde. Ainsi, on aide le chien à s'adapter à notre société et de ce fait il l'appréhendra mieux.

Cet ouvrage aidera via des exercices à comprendre comment fonctionne son chien, comment se comprendre et comment l'éduquer pour qu'il s'adapte le plus parfaitement possible à la vie de son maître et qu'il en naisse une relation épanouie.

On utilise une communication de base par l'éducation canine pour installer une comp-

réhension mutuelle, une maîtrise du comportement du chien et définir la place de chacun.

Chacun doit se situer dans une relation harmonieuse ; c'est le but final qui sera l'aboutissement de ces explications et de ces exercices.

Ces techniques sont la base de toute relation inter humain-chien, et ce quelle que soit leur attente ; ainsi même un chien de travail doit avoir déjà ces codes avant de compliquer la tâche qui lui incombe, entre autre pour un chien de travail qui est comme un équipier:

On ne part pas avec un équipier sans s'être mis d'accord au préalable sur les fonctions de chacun et sur les codes pour communiquer une fois dans l'action : on part avec quelqu'un sur qui on peut compter, avec quelqu'un qu'on ne craint pas ou qui risque de se retourner contre nous : avec un chien comme binôme, c'est pareil !

1ère Partie: Installer la communication

Chapitre 1: La communication de base

Toute relation, et ce bien avant l'amour et ce qui l'installe, est basée sur la confiance, la compréhension et le respect que l'on peut avoir l'un en l'autre. C'est lorsque l'on sait que l'autre ne nous fera pas mal volontairement et consciemment, qu'il ne nous mettra pas dans un mal être aussi bien physique que psychique, ce qui peut créer de la tension, de la confusion, de l'autodéfense et des réactions, en réponse, incontrôlées et inadéquates.

1.1 La confiance et la bienveillance

Le maître a deux rôles à tenir, il doit remplacer la mère et faire grandir le chien, lui apprendre à gérer ses émotions, à s'autocontrôler (se tenir posé, ne pas bousculer les autres) et lui faire assimiler les codes pour interragir avec les humains.

Faire grandir le chien

Le maître doit apprendre à faire grandir le chien, ce qui implique que celui-ci doit obtempérer aux demandes du maître sans qu'il n' ait besoin de l'assister dans l'exécution de la demande. Ainsi, il doit tout obtenir à la voix sans contact ; le chien doit faire tout seul comme un grand et de lui-même ; de plus cela vous confortera dans l'idée que la communication est parfaitement établie puisque si il fait la chose de lui-même, cela veut dire qu'il l'a comprise et intégrée.

Il faut bien garder en mémoire que le chien que nous voyons comme un bébé fini par devenir lui aussi un adulte. Ainsi, il sera moins dépendant de vous émotionnellement partant donc plus à l'aise dans sa vie quotidienne. Tout être est fait pour évoluer et on doit les aider à y parvenir, sinon c'est les enclaver dans un état qui ne sera jamais achevé ; on m'a dit et j'ai lu que certains maîtres ne voulaient pas „embêter leur chien à apprendre des „tours". Mais c'est les faire évoluer en tant qu'individu dans notre société que de leur apprendre à communiquer avec les êtres, donc ici les humains, qui les entourent ; c'est donc aussi d'une part les faire devenir adulte, mais aussi **leur développer une certaine intelligence propre à leur environnement**. Au contraire je trouve cela triste pour le chien de vivre dans un monde sans sens pour lui, ni utilité hormis combler égoïstement une détresse émotionnelle de l'humain.

Au fur et à mesure des apprentissages, il ne faut plus assister le chien et le complimenter trop sur des choses qu'il sait déjà faire. Chaque être doit évoluer pour devenir autonome, indépendant.

La communication se fait par l'action

la vie c'est de l'action: si il n'y en a pas, il ne se passe rien, personne n'apprend rien

Pour les chiens peureux il faut forcer le contact : il ne faut pas hésiter à manipuler un chien peureux ou agressif (en ayant pris les mesures pour se sécuriser à l'aide d'une muselière) dès le départ, un chien dans une situation où il ne se passe rien, ou l'on se regarde en „chien de faïence" n'apporte rien.

On a pu remarquer qu'à la suite de soins prodigués sur un animal domestique ou non domestique, celui-ci venait plus facilement au contact de l'humain. C'est ainsi qu'en donnant des soins, on a forcé le contact et manipulé l'animal, ce que l'on n'aurait pas fait autrement car on n'en aurait pas vu l'utilité ou l'on n'aurait pas osé forcer le contact puisque l'animal n'aurait pas voulu se laisser faire et se serait débattu très fort.

L'attention du chien, le point repère du maître et l'acquisition de son autonomie

.Dans un premier temps on va fixer l'attention du chien sur son maître et qu'il le prenne pour repère: c'est à dire aussi que c'est lui qui doit revenir à son maître et non pas l'inverse. En balade par exemple, il doit suivre son maître.

Quand on s'adresse à son chien, celui ci doit nous regarder. En effet, si je lui parle et qu'il ne me regarde pas ou qu'il renifle le sol pendant ce temps là, il est fort probable qu'il n'écoutera pas un mot de ce que je lui dis.

Puis dans un deuxième temps, on va lui faire prendre de l'indépendance, le faire grandir ; il doit pouvoir rester seul sans son maître, pouvoir faire un exercice à distance...

À noter qu'il n'est pas facile d'habituer le chien à se laisser manipuler ou emmener par un inconnu : c'est tout à fait normal car c'est un instinct de protection. Ce n'est pas ce que l'on doit forcément attendre d'un chien d'ailleurs.

Comme nos parents nous l'enseignent pour nous même „on ne parle pas aux inconnus!"

Le chien doit en effet en partie s'appuyer sur son maître, c'est-à-dire que c'est ce dernier qui dirige, qui propose une direction claire avec un comportement demandé et des interdits. Si cela n'est pas établi, le chien faute de pouvoir s'appuyer sur lui, ne fera que ce qui lui passe pas la tête et c'est lui qui prendra le contrôle dans un environnement où il ne comprend rien. Il réagira comme il peut face aux situations qu'il rencontrera.

Un maître vient me voir avec sa chienne, celle-ci veut me sauter dessus et me pincer alors qu'elle ne me connaît pas ; je la garde en pension diagnostic pour la prendre en main. Avec moi, elle n'a pas ce comportement là d'emblée lorsque je croise des gens qu'elle ne connaît pas. Ou bien la façon dont je la conduis lui indique qu'elle n'a pas le droit de faire cela, ou bien elle sent qu'elle n'a pas besoin de le faire, ou alors la relation avec moi n'est pas assez liée pour qu'elle se sente gonflée de confiance ?

Intégrer le chien dans la vie humaine

.À l'aide de collier de maintenance ou de contention, on peut proposer au chien une direction précise ce qui lui donne un certain pli. La laisse et le collier sont des outils de communication.

Ainsi sur un chien peureux, cela lui donnera une marche à suivre. Au lieu de fuir devant un élément qu'il ne connaît pas et qui lui fait peur, on a une prise pour l'encadrer fermement et précisément dans une marche en avant sans fuite. On lui fait comprendre qu'il peut passer à côté de ce qui lui fait peur et lui montrer le chemin à suivre même s'il a peur et qu'il n'y a pas de danger en vérité (enfin, lui faire croire qu'il n'y a pas de danger car en vérité ce monde humain avec des engins fabriqués par l'homme ou des rencontres avec des êtres malhententionnés n'est pas sans danger !).

1.2 La communication d'humain à chien

Cohérence de la communication

Les humains communiquent avec la parole, le fait de parler à un chien avec douceur lui indique nos intentions. Ainsi, même s'il ne connaît pas une manipulation, il verra que nos intentions sont bonnes si nous l'accompagnons d'une voix posée. Même si les animaux ne connaissent pas notre langage **ils sont sensibles aux intonations qui portent des sons et des fréquences qui peuvent apaiser,exciter, stimuler**... nous envoyons des ondes, notamment par la voix qui viennent stimuler l'autre être vivant.

Les chiens font la différence entre un humain et un congénère, ils peuvent s'adapter à la communication humaine qui ne sera pas la même que la celle avec les chiens, leur rapport et leur attente n'étant, de toute façon pas les mêmes non plus.

Un humain peut rappelons le agir sur son environnement et sur ses relations, inconsciemment mais aussi consciemment à la différence de l'animal qui n'a pas cette réflexion.

Les humains aujourd'hui ne proposent pas de communication, ou une très mauvaise avec plein d'indications contraires qui viennent parasiter la relation entre eux et le chien.

Ce n'est jamais de la faute du chien si il ne comprend pas, mais toujours celle du maître. **Le chien ne peut pas deviner ce que nous attendons de lui.**

C'est que l'explication du maître est insuffisante: le chien ne peut pas comprendre.

Sans éducation, on condamne le chien à demeurer un être qui évolue dans un monde sans objectif, sans occupation et sans sens, un peu comme un enfant ou un autiste qui serait laissé pour compte dans son coin et serait réduit à un apprentissage lent et retardé, voir inexistant de son évolution, de sa compréhension et son adaptation au monde extérieur.

. On doit pouvoir proposer au chien des occupations qui vont donner un sens à sa vie, qui le fassent se sentir utile ; il en est de même pour les humains qui ont besoin d'avoir un rôle et des occupations pour s'épanouir et évoluer

La communication doit être fluide et dynamique. On essaiera d'avoir les réponses du chien dans des manipulations qui lui proposeront un chemin à emprunter le plus naturellement possible sans résistance.

On doit être rapide, précis et clair dans nos demandes si on veut obtenir des réponses rapides, précises et claires de la part du chien.

Chacun à sa place

C'est le maître qui décide de son mode de vie et des propres codes du chien. Cela ne peut être mon mode de vie à moi car chacun vit son existence, avec ses besoins et ses attentes, à un mode et un niveau de compréhension des choses différentes. En tout état de cause, le maître ne doit jamais se sentir débordé par son chien. En ayant la connaissance, il pourra le maîtriser et ne sera pas dépassé par l'impact de cette relation.

Celle ci ne doit pas gêner le bon fonctionnement de la vie du maître, celui-ci doit pouvoir vaquer à ses autres occupations dans les autres domaines régissant ses besoins pour être dans un équilibre lui assurant un bien-être complet, sans se sentir coupable de ne pas être disponible pour son chien.

Il en va ainsi pour n'importe quelle relation ou activité, si elles deviennent trop envahissants sur d'autres domaines de la vie de l'individu, cela nuit à son équilibre dont il a besoin pour s'épanouir. C'est un travail sur ses propres émotions et sur l'affirmation de soi.

Le problème ne vient pas de laisser de côté le chien pour pouvoir vivre sa vie d'humain, le problème vient du style de vie que nous imposons à la base à notre chien.

Ethique sur la génétique du chien créée par l'homme

La vie que nous leur proposons est complètement dénaturée. On voudrait que notre chien s'entende bien avec les autres ses congénères de l' extérieur : mais les chiots sont souvent coupés des relations avec leurs aînés, donc ils n'apprennent pas à communiquer avec eux. Dans la nature les meutes de loups forment des familles qui n'accepteront pas forcément des individus extérieurs au clan.

Les races de chiens sont génétiquement modifiés et s'éloignent souvent de la sociabilité. Ils peuvent même d'ailleurs avoir des excès dans leur comportement qui deviennent des tares quand on a un chien qui ne pense qu'à tuer ses congénères ou les autres animaux et qu'il en est omnibulé.

On veut des chiens sociables avec tout le monde, êtres humains et animaux mais un être vivant doit pouvoir se protéger du monde extérieur, il n'a pas à être gentil et vouloir jouer avec tout le monde, c'est contre nature et dangereux. Il est à se demander s'il est bien de faire naître des animaux qui n'auront aucun système de protection face à des êtres vivants ayant de mauvaises intentions.

Même pour un chien de compagnie, il faut se poser la question si c'est une vie de toujours vouloir faire des câlins et réclamer des caresses, voir en faire un être vivant en dépendance affective ce qui inclus pour certain être en stress permanant s'il n'est pas au contact de l'autre. Quel est le sens réel de cette vie que nous avons créée si ce n'est pour nous satisfaire nous même et enfermer cet être vivant dans une „dépendance affective" nuisible à son bien être …

Il n'y a rien de naturel à ce que nous leur apprenons (marche au pied, demande de positions etc...) et leur vie dans une maison n'est pas évidente : il y a plein d'interdits compliqués à comprendre n'ayant pas la même valeur du matériel et ils n'ont aucune activité primordiale (chercher sa nourriture, un endroit pour dormir, interagir avec la meute...) ce qui enlève tout sens à leur propre vie. Ils cherchent à s'occuper et cela ne va pas forcément avec nos attentes (destruction, agitation...)

Accompagnement du chien dans la vie humaine

Le chien ne connaît ni le bien ni le mal, il suivra les codes qui lui sont inculqués par les personnes qui l'élèvent et qui l'entourent. Il ira la où ses attitudes par rapport à une situation donnée lui procure du bien être et ne retournera pas là où il rencontre une gêne.

À l'aide des exercices on apprendra dans un premier temps à fixer un chien sur son maître, afin qu'il l'écoute; dans un deuxième temps on lui fera prendre de l'indépendance et de l'autonomie, on le fera grandir pour qu'il soit à l'aise sans avoir besoin de s'appuyer sur son maître.

Il est a noter que certains chiens sensibles prennent appui sur leur maître et deviennent instables et en mal être. Pour être en bien être un chien doit se détacher de son maître en partie et prendre confiance en lui-même. Il ne faut pas hésiter à repousser un chien trop collant, le repousser d'autant plus qu'il y a des congénères ou des situations à affronter. Il doit aussi réussir à faire tout seul les choses et à trouver les solutions tout seul. On l'accompagnera s'il est vraiment en difficulté, on l'aidera face à un obstacle trop dur à surmonter, on le sécurisera en le poussant au fil du temps à se débrouiller tout seul.

Cela peut aussi se traduire par des grogne-ments et des attaques sur les autres chiens s'il n'est pas en confiance et qu'il s'appuie trop sur la protection de son maître.

Ainsi lorsque les chiens montent sur une pas-serelle d'agility, il y a l'appréhension du vide, la coordination des pattes ; plus le chien est petit plus le centre de gravité est bas plus cela leur est aisé.

Pour un premier passage on tient le chien au cou et au poitrail, voir au poitrail et aux fesses si il n'avance pas pour le pousser ; on lui montre le chemin en prenant contact avec la passerelle en mettant sa main sur et devant lui ; on l'encourage et on le fait avancer et traverser d'un bout à l'autre.

On peut aussi monter devant lui sur la passe-relle, faire passer un chien avant lui, lui montrer un jouet ou une friandise.

En général, le chien monte tout seul au bout de 2 ou 3 fois.

L'influence du comportement de l'humain sur le chien est important.

C'est lui qui régit les lois de la vie sociale du chien.

Le chien s'appuie sur son maître: son comportement pourra être différent selon qu'il soit présent ou non. Ainsi, un chien agressif peut se montrer très peureux ou un chien très confiant peut se montrer agressif lorsqu'il est seul. Comme des personnes qui sont en groupe et qui individuellement ne présentent pas les mêmes comportements.

Dans ma clientèle, quelques maîtres m'ont laissé leur chien en pension et sont étonnés d'apprendre qu'il ne voulait pas se laisser attraper une fois en box, voir grognait et/ou voulait me mordre le premier jour. Ces chiens manquent souvent de maniabilité. Ou inversement, ils se montrent agressifs alors qu'une fois mis en chenil seuls, ils ont plutôt tendance à avoir peur et à me fuir.

Les interractions de chiens à chiens ou d'autres animaux

Le contact avec les chiens doit toujours se faire sous contrôle car comme expliqué ci-dessus il n'y a rien de naturel à la vie que nous leur proposons avec nous ; pour leur apprentissage, il convient de bien connaître les chiens individuellement avant de les laisser ensemble pour être sûr de les contrôler ; il est important pour leur équilibre qu'ils soient en contact régulier avec leurs congénères. Parfois, ils bénéficieront du recadrage d'autres qui les remettront à leur place (on a tous besoin de se mesurer aux autres pour connaître ses propres limites).

Mais comme avec les enfants, il faut les laisser se débrouiller entre eux, quitte à parfois intervenir avant que la situation ne dégénère.
Les chiens entre eux ne sont pas tendre ils se replacent à coup de crocs.

À la présentation des chiens entre eux, je leur parle d'une voix douce „c'est la copain ou la copine". Ainsi le son de ma voix indique la conduite à tenir, elle induit une ambiance apaisée, il n'y a pas de danger et il n'y a pas lieu de s'exciter. Sans cela, les chiens n'ayant pas d'indications dans ces situations ne savent pas quel comportement adopter et la plupart du temps s'énervent.

À l'arrivée du chien à la maison et si j'ai d'autres animaux, je ne les laisse pas ensemble en mon absence tant que je ne suis pas sûr de leur entente : pour cela, les animaux doivent avoir un contact franc, détendu, avec des attitude de cohésion et de sympathie (léchage, jeux...)

Je me méfie s'il ne cherche pas le contact, s'ils s'ignorent, si il y a de la tension ou de l' excitation.

D'autant plus s'il y a une différence de taille entre les animaux et si ils sont plusieurs. En effet, à plusieurs, cela fait un effet de meute même à partir de 3 chiens, et dans l'excitation ils peuvent se mettrent à plusieurs contre un.

Il y a toujours un risque à laisser un chien avec un autre animal car son instinct de chasseur peut se réveiller d'un moment à l'autre.

Sociabiliser son chien avec d'autres chiens, **exercices et mesures de sécurité**

S'ils présentent le moindre risque:
- en exercice muselé leur faire faire des exercices proches les uns des autres, les promener ensemble, en somme les occuper au départ pour ne pas qu'ils aient le temps de faire autre chose;
- En exercice démuselé : les laisser au contact séparés par un grillage, avec travail de contrôle et de rappel au pied, à distance ;

Dans tous les cas, laisser les chiens venir au contact seulement à partir du moment où ils ne présentent pas de signe de virulence et les laisser démuselés ensemble seulement quand tous les doutes ont été levés.

La propreté du chien.

Il y a plusieurs facteurs qui joueront sur la propreté du chien. Le premier étant là où il a été élevé ; il doit vers l'âge de 1 mois avoir la notion d'intérieur et d'extérieur. à cet effet, il doit être sorti de son lieu de vie matin, midi et soir par l'éleveur. C'est le moment où il commence à marcher et il peut déjà intégrer cette notion : si il vivait dans un terrier, il sortirait pour faire ses besoins. Ainsi, arrivé à la maison il aura déjà cette habitude et il s'adaptera d'autant plus rapidement. Si le chiot n'a pas eu cet apprentissage, a été élevé dans un chenil sans en sortir, ce sera plus long et plus dur.

L'éducation est importante car cela va agir sur le comportement du chien en général et il faut apprendre au chiot à se poser et à grandir ; ainsi il sera moins dans l'excitation et pourra mieux se retenir. Plus un chien est excité plus il aura du mal et aura tendance à faire ses besoins plus souvent. On le voit avec les chiens en chenil qui n'ont donc aucune contrainte et s'excitent beaucoup plus qu'en maison.

Plus on a de chiens et plus il y a d'odeur et d'énervement et donc plus il y a de risque de besoins et de marquage faits à la maison.

Quand le pli est pris, il est parfois dur de leur enlever cette mauvaise habitude car il faut les prendre sur le fait, même avant qu'ils n'aient le temps de faire, les surprendre et les impressionner pour qu'ils n'aient pas envie de recommencer. On pourra utiliser la méthode à distance et les mettre rapidement dehors, avec l'encadrement verbal qui convient „non, dehors" et les féliciter quand ils font la chose à l'extérieur.

Encore une fois c'est peut être rageant pour nous, mais on voit bien qu'ils n'ont pas la coscience de l'impact de cette „bêtise" et ne peuvent pas comprendre si on ne leur explique pas d'une façon qu'ils comprennent.

C'est sur ce qu'on leur impose, de devoir se retenir toute une journée... imaginez si c'était le cas pour nous, ce ne serait ni très confortable, ni même très bon au niveau physiologique.

Un chien peut aussi être malade. Il faut s'attendre donc à nettoyer souvent selon le chien que l'on va avoir ; un mâle lève la patte pour uriner et donc peut abimer les meubles et les murs. Ce sont des situations qui arrivent.

On peut imaginer une litière pour les petits chiens.

Le chien qui fait ses besoins à la maison ne le fait pas pour „se venger" : il est incapable d' élaborer un tel plan ! il y a toujours une raison, probablement liée à une situation, qui l'a mis en émotion et qui a généré l'envie de faire ses besoins.

On peut être énervé quand son chien fait des „bêtises" mais il faut toujours se rappeler que le chien n'a pas conscience de la valeur du matériel, n'a pas conscience que c'est une sottise ; il apprendra juste des „interdits sur certains actes"sans en comprendre le sens humainement, il saura juste que c'est interdit !

1.3 Tableau d'évaluation de facilité d'un chien.

Voici un petit tableau qui peut donner les indications concernant le catactère d'un chien et attirer notre vigilance sur certains points ; dans les 5 premières lignes, les critères énoncés peuvent évoluer avec les apprentissages qui sont proposés dans cet ouvrage ; dans les 5 autres concernant la présence d'autres êtres vivants, cela peut s'améliorer avec le facteur maîtrise du chien et présence dans l'environnement. Mais s'il s'avère que c'est génétique, cela sera plus dur à lui faire passer, voir impossible à moins d'une énorme pression physique jusqu'à le faire céder à l'écoute ce qui est difficile à pratiquer et à mettre en place pour diverses questions d'étique et de possibilité en fonction des capacités physiques des maîtres.

Nous travaillons sur la base naturelle du chien et sur laquelle viennent s'ajouter les facteurs suivants : présence régulière dans son environnement des éléments pouvant être perturbant pour lui, mise en place des codes de maitrise personnelle, mise en place des codes d'interractions avec les êtres vivants environnants, mise en place des codes avec les humains, d'où découle une stimulation régulière du chien pour le développement de la compréhension de son environnement et son adaptation. Il devient ainsi plus confiant et plus stable en général.

1 Manipulations physiques		
Souple, malléable, se laisse manipuler partout 1	Tendu, crispé, raide quand on le manipule ou quand on lui met une contrainte (physique ou verbale) 2/3	Grogne 4 Veut pincer ou mordre aux manipulations 5
2 Cession et coopération à la contrainte		
Interactif, cherche à attirer l'attention, en demande d'apprentissage, cherche à s'occuper, s'exécute rapidement et anticipe les demandes 1	Coopérant, de bonne volonté, 2/3	Indépendant, s'intéresse à autre chose, se suffit à lui-même, ne se dépêche pas dans l'écoute **4** Réfractaire, il se braque quand il ne comprend pas **5**
3 Attention au maître, centres d'intérêt		
Vigilant 1	Hyper vigilant, 2/3	Se déconcentre rapidement 4

4 Excitation		
Stable, réactif mais pas inquiet ni méfiant 1	Grande réactivité sensorielle, « chochotte » 2/3	Dur au mal, nous bouscule 4 se fait mal tout seul (en se cognant, en détruisant…) 5
5 Nervosité		
Stable, réactif mais pas inquiet ni méfiant 1	Emotif, sensible, voir inquiet « chochotte » 2/3	Impassible, rien ne le trouble 4
6 Dépendance affective		
Reste à côté du maître 1	Est collé au maître, cherche toujours à se mettre sur lui, ne peut pas rester seul ou s'éloigner de lui 2/3	S'en va s'il est attiré par quelque chose 4

7 Sociabilité avec chiens		
Attitude bien-veillante, Invite au jeu 1	**Présence d'un autre chien** Indifférente-méfiant 2/3	Bagarreur simple 4 ou il se transforme en tueur 5 (il ne lâche pas sa prise, il fait des plaies)
8 Sociabilité avec animaux		
Attitude bien-veillante Cherche le contact par curiosité 1	**Présence d'un autre animal** Indiffé-rente-méfiant 2/3	S'excite après 4 Chasseur, se transforme en prédateur et veut tuer 5
9 Sociabilité avec les humains		
Attitude bien-veillante Cherche le contact caresses, invite au jeu 1	**Présence d'un adulte inconnu** Indiffé-rent - méfiant 2/3	Agresseur au contact, 4 il veut sauter sur la personne pour le mordre 5

10 Sociabilité avec les enfants		
Attitude bien-veillante Cherche le contact caresses, invite au jeu 1	**Présence d'un enfant inconnu** Indifférent - méfiant 2/3	Agresseur, il veut sauter sur la personne pour la mordre 4
Prognostique		
1 Facile à vivre, sociable avec les humains et les animaux	2/3 S'adapte, ne présente pas de grosses difficultés ni de risque sur les êtres vivants alentours	4/5 Avec du tempérament, risques pour les êtres vivants alentours , mesures à mettre en place
Autres : Destructeur Joueur – joueur intempestif Gourmand - vorace Excitation sur tuyau d'arrosage Excitation sexuelle sur animaux, chiens, humains, individuel		
Caractère du chien, mise en garde et mesures à mettre en place :		

Chapitre 2 : communication par l'éducation canine

2.1 Quelques Notions physiologiques et psychologiques:

Tout être vivant a des besoins physiologiques, psychologiques et des émotions qui traduisent son état interne confronté au monde extérieur.

Les sentiments sont une accumulation des émotions analysées et conscientisées, donc propre à l'humain.

Les relations sont une cumulation d'interaction entre deux êtres vivants.

Les traumatismes psychologiques ou physiques sont des chocs reçus par l'être vivant et qui n'ont pas été suffisamment compris, acceptés et transformés en expérience constructive et anecdotique, ce qu'on appelle la résilience : cela est vrai pour l'humain comme pour le chien, bien qu'il n'ait pas la conscience pour analyser et comprendre.

Cela passera par un environnement apte à le remettre en confiance, c'est-à-dire pour nous dans une parfaite communication avec le maître qui ne lui laissera aucun doute. Ces traumatismes s'estomperont avant tout par un bien être environnemental.

.Le traumatisme chez le chien se manifeste par une mise en **schéma type** qui lui rappelle un mal être ou une souffrance. Le corps garde en mémoire la souffrance. Les expériences vécues se transforment alors en peur

Ainsi par exemple un chien peut refuser le port de la muselière parce qu'à sa vue, cela le remet dans une situation où il l'a portée et a été battu.

Il ne peut pas se souvenir avec conscience de son passé mais les faits sont inscrits en lui en terme de bien être ou de mal être, voir de souffrance vive qui ressurgit face à une situation qu'il a déjà vécue.

„Chat échaudé craint l'eau froide"

Importance de la cohésion de groupe

Si l'on a pas su communiquer avec son chien et que pour x raisons on a généré un conflit qui n'a pas été réglé sur le moment, dans lequel le chien a pris peur et à donc perdu sa confiance en son maître, voir à l'humain en général, il ressentira régulièrement ce mal être à chaque situation tendue. Il va se recroquevillier, ou se raidir et se mettre en auto défense automatiquement, se braquer et avoir des réactions agressives qui peuvent paraître pour nous disproportionnées car c'est son seul moyen d'expression; le chien ne différenciera pas les situations et se mettra tout de suite sur la défensive.

Avec le temps et de la patience, on peut réinstaller une relation de confiance avec lui en proposant un cadre bien ferme et bien clair mais avec un accompagnement bienveillant: il est interdit de mordre son maître. Une fois l'explication fournie au chien, on ne le laisse pas prostré dans un coin. On va le chercher pour le décontracter, le caresser et le faire sortir de son coin. **On remet la „cohésion du groupe", la relation de base reste toujours de confiance.**

Cela passe par des contacts physiques appaisants, comme des caresses ou des soins prodiguées (le léchage pour le chien puisqu'il n'a pas de main pour caresser!).

Devenir adulte stipule une maturité des émotions qu'il faut acquérir pour pouvoir affronter la vie, parce qu'elles sont utiles pour informer l'être vivant et l'alerter sur son état interne concernant l'interaction avec le monde extérieur, en somme comment il vit ce que propose son monde environnemental. On a donc besoin des émotions comme baromètre de notre état psychologique et physiologique interne et aussi pour communiquer avec les autres. Mais on doit se servir de nos émotions et non pas les subir, ce qui nuit à notre fonctionnalité de base. Cela nous fatigue, nous fausse l'interprétation du monde environnant, nous fait prendre de mauvaises décisions et de mauvaises attitudes et nuit à nos relations extérieures.

Ainsi un chien qui n'a pas été suffisamment éduqué sera toujours en excitation puisqu'il ne sait pas contrôler ses émotions. De plus il dépense un surcroît d'énergie non utile, il peut se mettre en danger puisqu'il ne peut pas se concentrer sur les événements extérieurs, il fatigue son maître voir les gens alentour. Il n'est pas adapté en tant que chien adulte à son environnement.

Les émotions sont là pour répondre à nos besoins essentiels : se nourrir, se sentir en sécurité, se sentir appartenir à un clan, à une meute.

Les émotions sont aussi liées à l'enfance et à l'insouciance. L'enfant n'étant pas en capacité d'analyser et d'interpréter le monde alentour est en apprentissage ; ses émotions vont être un baromètre de son bien être et de son adaptation à son environnement, elles vont se manifester nombreuses puisqu'il y a beaucoup de réglages à faire. Mais une fois acquises, l'être vivant étant adapté à son environnement n'a plus besoin qu'elles se manifestent autant au risque de lui nuir, elles sont là pour le protéger. Il doit les écouter mais ne pas se laisser envahir.

La base de l'amour en tant que sentiment propre à l'humain, c'est de la bienveillance à l'égard de l'autre, sans être envahi par ses propres émotions, sans être empreint de celles de l'autre, sans subir ni faire subir à l'autre. Le conscientiser, c'est aussi l'aider à évoluer et à le laisser libre.

L'amour que nous entendons du chien est plus simpliste; c'est la même base mais sans la conscientisation. C'est avant tout un attachement lié à ses besoins physiologiques induites par des ormones d'attachement:

Est-ce que un bébé humain qui vient de naître a conscience d'aimer sa mère comme nous l'entendons en tant qu'adulte en pleine connaissance des choses et avec nos sentiments ? Il l'aime parce qu'il y est attaché par le liens des sens et des hormones et de surcroît en est très dépendant, mais on ne peut pas parler du sentiment d'amour...

En instaurant une éducation canine bienveillante, elle est forcément positive puisque c'est un apprentissage avant tout, de la communication avec les humains et comment s'adapter à leur environnement ; c'est donc de la pédagogie qui ne peut se faire que par la motivation et dans le bien être.

Les maîtres n'osent pas agir sur leur chien de peur de leur faire mal et au risque que ce soient eux qui leur face vraiment mal! Et en ne mettant pas en place l'encadrement nécessaire il ne mettent pas de limites ni de repères au chien, ce serait comme laisser un enfant grandir sans éducation. Cela donne des adultes qui ne sont pas adaptés à la vie d'adulte puisqu'ils n'ont pas appris à gérer leur émotions et à se contrôler.

Les techniques utilisées ici fonctionnent très bien et dans le respect de chacun ; si le chien a des réactions vives c'est que les maîtres n'ont pas su les appliquer. D'autant plus que si le chien est particulièrement sensible, ainsi il sera probablement plus délicat à gérer, ce qui nécessite d'autant plus un apprentissage de la part des maîtres.

Les maîtres ne sachant pas reproduire les techniques utilisées ici risquent de mal les utiliser, de mal les doser et susciter encore plus de réactions de défense de la part de leur chien, tout simplement parce que celà s'apprend. Il faut parfois quelques cours pour implanter les bases aussi bien sur le chien que sur le maître. Le résultats ne peut être escompté qu'en comprenenant bien le cheminement et en restituant bien le guidage du chien selon sa sensibilité .

En effet, comme les maîtres apprennent aussi, ils présentent beaucoup d'éléments parasites dans l'apprentissage du chien, beaucoup d'éléments incohérents ou contradictoires, ce qui met en doute le chien.

Un chien qui ne comprend pas se mettra en doute et va se bloquer. Il n'aura pas envie d'écouter (les maîtres disant dans ce cas là "il en a marre ou il n'a plus envie") alors que tout simplement le chien ne comprend plus rien et décroche. Il va alors s'occuper d'autres choses, détourner le regard, rester dans son monde ou se mettre en auto défense (mordre sa laisse ou son maître)…

Ces techniques fonctionnent en 2 leçons avec moi, mais il faut prendre en compte l'apprentissage de leur maître et le fait du manque de leur bon encadrement dans la vie de tous les jours qui est un facteur important.

De plus on doit pouvoir proposer au chien des occupations qui vont donner un sens à sa vie, qui le fassent se sentir utile ; il en est de même pour les humains qui ont besoin d'avoir un rôle et des occupations pour s'épanouir et évoluer.

2.2 Principes des Grandes Lois naturelles universelles

L'apprentissage du chien se fait seulement par l'interraction avec son environnement et non par la conscientisation de celui ci (compréhension et capacité d'agir sur son environnement pour en attendre un changement), ce qui stipule des notions de bien être, équilibre de la nature et justesse.

Action et mot, mot et action à l'instant T : Pour être bien assimilé l'ordre doit tomber en même temps que l'action sur le chien ce qui créera un automatisme, avant même qu'il n'ait fait une erreur : sinon celui-ci la rééditera systématiquement. Pour lui ce n'est pas une faute, mais ce qu'on lui à montré en lui laissant l'exécuter.

Le chien ne connait pas le bien ou le mal, il sera conforté dans son action si rien ne l'arrête ou s'il est en bien être (félicité) et n'aura pas envie d'y retourner s'il y est en mal être (gêne). Il ne peut assimiler cela que si la réponse est simultanée, car il ne peut pas réfléchir sur ce qu'il a fait, ni sur le passé, ni même sur l'avenir.

Avoir l'attention du chien, il faut être plus attractif que tout ce qui se passe autour, d'autant plus que ne sachant pas comment faire à l'extérieur, nous ne sommes pas vraiment très intéressant pour le chien, souvent on lui fait de longs discours qu'il ne comprend pas, on parle d'une façon monotone qui l'endort, on lui parle mal ou on le gronde Le chien, ne comprenant rien aux élucubrations de son maître, décroche rapidement et préfère regarder et s'intéresser au monde vivant qui l'entoure.

Pour interragir avec lui, il faut se mettre à son niveau de compréhension, lui parler avec des intonnations stimulantes et avoir une cohérence des attentes, utiliser des mots claires associés à des gestes clairs.

Indication, pression et motivation : une fois que la place est trouvée nous n'avons plus besoin des artifices ou parfois seulement par rappel. Les accessoires ou stimulations nous aident à renforcer nos demandes pour nous positionner et instaurer une place l'un par rapport à l'autre.

Direction, encadrement verbal et gestuel: les paramètres doivent être bien établis pour avoir une compréhension complète du chien. S'il lui manque une indication, il ne pourra pas comprendre ce qu'on attend de lui.

Il ne faut pas hésiter à être très démonstratif, il faut être riche en indications verbales et gestuelles. Il faut être rapide, agir à l'instant T jusqu'à ce que le chien restitue de lui-même : cela signifie qu'on s'est compris.

Il faut lui **apprendre un maximum de choses**, il n'y a rien de bête, tout ce qu'on pourra lui transmettre enrichira notre communication, comme donner la patte. Il n'y a pas de „chien de cirque", mais une relation qui s'établit et qui s'enrichit, à vous de savoir ce que vous voulez en faire.

Cohérence du groupe et de la relation au risque de conflit

Le chien vit avec nous, il est donc important qu'il décrypte le monde dans lequel il évolue. Nous lui apprenons à appréhender la société dans laquelle nous le maintenons pour qu'il y soit adapté, pour son bien être et celui des individus qui l'entourent.

Il ne doit pas y avoir de doute pour le chien, il ne doit pas y avoir de situation qui l'embarrasse ; l'encadrement verbal et gestuel doivent être synchronisés (pas d'ordres et de signaux contraires, ils doivent être établis de façon immédiate et simultanée).

Un chien en doute est un chien qui peut parfois trembler, être hésitant, se raidir, grogner , pincer ou mordre. Les codes de communication ne sont pas bien établis: il ne comprend pas le monde qui l'entoure et sa place n'est pas nettement définie.

Les réprimandes doivent être faites sur le moment, on ne doit pas rester de mauvaise humeur après que le chien ait été recadré. Une fois la réprimande effectuée, on passe à autre chose et on reprend avec bonne humeur. C'est un travail de gestion des émotions que doit effectuer le maître sur lui-même, car même si l'animal nous énerve ou a fait une grosse bêtise, il n'aura pas la compréhension de la chose : donc cela ne sert à rien de s'énerver et encore moins après lui.

En effet, d'autant plus sur un chien sensible où la réprimande qui perdure mettra de la tension dans la relation avec votre compagnon qu'il sera incapable de l'analyser. Cela le mettra en instabilité émotionnelle, ce qui peut générer à force une mise en auto défense.

De plus rester fâché perturbe énormément le chien et met de la tension dans la relation. On peut le voir sur l'animal qui peut aussi trembler s'il est dans une ambiance tendue régulièrement

On a déjà entendu l'histoire du chien qui s'est fait gronder parce qu'il a fait une bêtise ou a mordu et qui vient ensuite au contact de son maître pour le lécher ; celui-ci s'esclaffe en se disant que son chien vient se faire pardonner, en vérité le chien vient seulement vérifier que la relation est toujours bonne, il vient remettre de la cohésion au groupe. Si la place n'a pas été clairement établie, les querelles reviendront…

Ainsi chez les humains qui se disputent, on ne devrait pas rester fâché, c'est juste une explication résolue ou non, car parfois on ne peut pas avoir les réponses dans l'immédiat, mais la bonne logique voudrait qu'à la suite on passe à autre chose et que l'on garde les bons rapports de base.

Ce n'est pas parce qu'on n'est pas d'accord que la relation doit être remise en cause.

Cela ne sert à rien de le punir en le mettant à l'écart, sauf si vous voulez être tranquille. Cela ne résout pas non plus le problème, s'il vous embête pendant que vous mangez : vous serez peut être en paix pour prendre votre repas, mais il n' apprendra pas à rester sagement à sa place.

Les placements du chien doivent se faire rapidement. Pour ce faire, le maître doit alors réagir **rapidement, avec précision, il doit être exi-**

geant pour avoir des réponses du chien en accord. Un chien est vif et rapide si on veut lui apprendre quelque chose de précis comme la demande de s'asseoir à côté de soi. Il faut y mettre tous les paramètres pour qu'il comprenne:

-   Que c'est une demande à effet immédiat,

-   qu'il doit rester droit dans le sens de la marche prêt à repartir,

-   qu'il doit être assis au contact de ma jambe à portée de main mais sans s'appuyer, ni être dans mes pieds pour ne pas me gêner,

-   qu'il ne doit pas me dépasser pour rester à portée de main.

L'éducation canine n'a rien de naturel pour le chien, mais elle est un passage obligé ; elle est un moyen de communication avec le chien, elle installe une base pour une bonne communication avec lui, pour son contrôle , pour sa sécurité et celle des gens qui l'entourent, pour qu'il s'intègre bien dans la vie de ses maîtres et dans la société.

Les ordres de fixation, donc d'autocontrôle comme le „couché" qui est une grosse contrainte et le „debout" qui montre une éducation et une communication beaucoup plus fine. En effet, un chien trop écrasé par son maître aura tendance à se coucher par peur et soumission. Une immobilité sur un debout est beaucoup plus difficile à avoir car il n'y a pas de point d'ancrage.

L'éducation canine n'est pas une punition, c'est pédagogique, c'est un apprentissage ; on fait évoluer la relation car tout être vivant et donc l'interaction entre être vivant est appelée à évoluer et faire évoluer l'autre ; le chien est plus à l'aise car il comprend mieux le monde dans lequel il évolue, cela donne un sens aux choses et un sens à la relation.

Dans ce contexte un peu particulier d'un animal qui n'a rien à faire au départ dans la vie citadine de l'homme, mais qui par des similitudes de comportements et de vie sociale, et des intérêts communs à vivre ensemble, en tout cas au départ ; car aujourd'hui on fait naître des chiens au service uniquement de l'homme sans se préoccuper du sens de l'existence réelle du chien dans ces conditions.

On peut tout travailler au jouet ou à la friandise si on a un chien qui se prête à ça et qui ne présente pas de risque. On en est sûr de ce qu'on lui a appris quand on a essayé toutes les diversions possibles et ce dans n'importe quel contexte et que le chien s'exécute à la demande.

Mais les frinadises ont quand même un effet limté, *en effet c'est comme si on élevait un enfant qu'avec des bonbons et des jouets*, ce ne serait pas possible...

La loi du plus fort chez les animaux

Donc chez les chiens aussi. Chez les humains aussi d'ailleurs, mais il y a des lois qui normalement sont là pour nous protéger.

Le chien est en général plus fort que nous. Si ce n'est pas nous qui nous imposons, c'est lui qui s'imposera ! Il faut donc pouvoir faire le contre-poids, sans rentrer en conflit et en prenant rapidement le contrôle. Nous allons utiliser donc du matériel pour nous rendre plus fort, ou en tout cas pour le lui faire croire. Le but est de l'impressionner dans les deux sens du terme, afin qu'il nous accorde son attention, qu'il se dise *„ouh là là, elle est forte ma maîtresse! j'ai intérêt à l'écouter"*, mais aussi *„wouhaou", qu'est ce qu'elle est trop forte ma maîtresse je vais faire tout ce qu'elle veut"*.

Je matérialise toujours mes demandes pour que cela soit plus clair pour le chien, pour le guider:

Pour le guider: par exemple au rappel au pied, je tape dans mes mains ou sur ma jambe pour montrer l'endroit, car notre logique et notre compréhension des choses ne sont pas les mêmes que celles des chiens, il faut se mettre à leur niveau de compréhension. On propose une cible au chien et ainsi la demande est plus claire.

Ou Je me sers de laisse de contrôle pour préciser les places demandés...

Pour le contrôler: l'humain a appris à contrôler sa force physique; il est inhibé de sa violence physique et a du mal à agir dans ce sens, ce pourquoi un petit accessoire aide à se rendre plus fort sans se faire violence psychologiquement parlant. Ainsi il pourra se faire respecter en restant calme et serain.

Chapitre 3: les traumatismes et chiens difficiles

„On a peur de ce qu'on ne connaît pas"

3.1 Accueillir un chien difficile à la maison:

Importance du rôle de l'éleveur dans ses choix de reproducteurs

Les chiens sont issus de lignées de travail ce qui leur demande beaucoup d'énergie et beaucoup de tempérament, au contraire de ce que l'on attend d'un chien de compagnie. Le travail incombe aux éleveurs de proposer des chiens qui seront réellement sélectionnés et destinés soit à un travail soit à une compagnie ; pour cela, il doit être sociable avec les humains et les animaux, donc tout reproducteur qui ne présente pas ces caractéristiques doit être écarté de la reproduction.

Pour ma part je choisirai aussi un chien vif et souple, qui s'exécute rapidement dans les ordres et un chien relativement silencieux!

On demande beaucoup au chien, on demande des choses qui sont contre nature parce que en réalité dans la vie on ne peut pas être ami avec tout le monde dès le premier jour, c'est même dangereux de ne pas se méfier de

quelqu'un qu'on ne connait pas. De plus le chien est un prédateur c'est donc normal qu'il ait envie de chasser les autres animaux ou défendre son territoire (qui est devenu bien complexe pour lui).

Quand le chien résiste trop ou que le maître a du mal à s'imposer, on peut travailler à la friandise, surtout pour dégrossir le premier travail du couché et de l'immobilité que l'on peut faire en donnant la gamelle. L'instinct de la nourriture est un puissant levier de motivation.

Le chien agressif par auto-défense et par peur

Les chiens agressifs sont souvent des chiens qui ont peur, qui n'ont pas appris à évoluer dans leur environnement et comme la meilleur défense c'est l'attaque, ils vont prendre ce mauvais pli : si on n'intervient pas et qu'on ne leur explique pas ce qu'il doivent faire dans ces situations là, ils vont s'énerver, aboyer, voir mordre. On doit les rassurer, les mettre au contact des humains et des chiens ou des choses qu'ils appréhendent.

Surtout si le chien est émotif, il peut partir rapidement dans ces schémas là et avec excès.

Mauvaise interprétation des humains

Je suis consternée de constater que les chiens se font euthanasier, accusés d'être agressifs et mordeurs alors qu'il sont tout simplement appeurés ou terrorisés. Quand on est dans une situation qu'on ne comprend pas, puisque les humains ne savent pas communiquer avec les chiens et ne savent pas se mettre à leur place, on peut vite avoir des réactions automatiques d'auto défense, ce serait exactement pareil pour les humains s'ils se trouvaient dans une situation où ils ne comprennent pas leur interlocuteur, s'ils ne parlent pas la même langue par exemple, et que la situation montait en pression.

Il faut parfois plusieurs semaines pour voir le vrai caractère du chien avant qu'ils ne prennent ses aises !comme nous lorsque l'on arrive dans un mieu qu'on ne connait pas, on se fait tout petit et peu à peu on prend ses marques et on se laisse aller.

Les évaluations faites aujourd'hui sont faussées par plein de facteurs différents - manque de connaissances, trop d'exigence avec des attentes qui ne sont pas dans la nature du chien ou trop difficiles dans les circonstances de sa vie, pas assez de test de contrôle des codes et de la facilité de l'animal, mis en confiance…

3.2 Chiens délicats à gérer avec les humains ou leurs congénères

Si la chose est possible, on le garde avec nous pour qu'il reste en contact immédiat ; ainsi il s'habituera plus vite à notre compagnie.

Si il présente trop de risques ou si il n'est pas sociable de prime abord, le mieux est d'avoir un petit endroit où on puisse le séparer **le temps d'installer la confiance, la communication et de vérifier son tempérament ce qu'on appelle la familiarisation**.

Aménagement de l'accueil du chien à risque

L'idéal restant un enclos grillagé à travers lequel on peut rester en communication.

En effet, ouvrir une porte opaque avec un chien derrière, dont on ne connait pas les réactions n'est pas facile à gérer. Ce qui peut arriver à votre retour à la maison les premiers jours où le chien est resté tout seul et ne veut plus vous laisser rentrer chez vous, ne vous connaissant pas encore assez.

Pour accueillir un chien avec des complications et avec lequel il y a des risques de morsures, mieux vaut au début prévoir un endroit fermé ou on pourrai l'attraper facilement, type chenil ou enclos avec barreaux où il est possible de le manipuler au travers.

Manipulation du chien à risque, techniques

Au début on ne va pas laisser ses mains à sa portée (gestes de sécurité) : on utilise une laisse lasso pour ne pas avoir besoin de le toucher pour l'attraper. On peut s'aider d' un accessoire assez volumineux pour se protéger, garder la distance de sécurité avec lui et le repousser s'il veut nous agresser (type arrosoir, c'est volumineux et sonore dans le principe de se rendre plus fort).

Toutes les manipulations se font dans **la détente**, en parlant au chien **d'une voix douce** ce qui va le rassurer. Aucune manipulation ne sera néfaste pour le chien si elle est faite dans la bienveillance. Une voix douce envoie des ondes qui apaisent.

Ainsi **la perche de capture** n'est pas traumatisante pour un chien, c'est juste un accessoire qui bien utilisé pour le maîtriser en sécurité pour tout le monde est très utile.

Laisser un chien sans nourriture plusieurs jours ou lui parler de loin n'apporte rien à la situation ; en vérité c'est juste le facteur temps qui agit, puisque avec lui, le chien prend confiance.

Mais rien ne garanti le résultat s'il n'y a pas de contact direct.

Autant régler le problème rapidement: ainsi le chien sera plus rapidement en bien être et dans certains cas pourra trouver une famille plus rapidement.

La première interraction sera la promenade, le mettant dans lamarche en avant, pendant laquelle, je peux le laisser s'approcher naturellement sans prêter attention à lui ou en lui parlant gentiment selon les réactions qu'il présente.

Tant que je ne suis pas sûre de lui, je ne le manipule pas sans muselière jusqu'à être certaine de son tempérament et de ses attitudes.

Plusieurs cas possibles :

Si je dispose de boxes :

Je peux rentrer facilement dans le box : s'il ne me charge pas, j'attrape le chien avec une laisse lasso ; s'il ne veut pas se laisser approcher je porte le lasso à sa tête à l'aide d'un bâton fourche. Ainsi je n'expose pas mes mains et cela me permet de voir sa véritable réaction. Une fois attrapés, la plupart des chiens suivent la personne puisqu'ils ont été habitués à cela (schéma type)

S'il y a trop de risque, je musèle le chien pour le sortir et me rapprocher de lui, ou je le sors avec la perche s'il me charge et que je n'arrive pas à le museler.

Pour le museler je l'attache court aux barreaux du chenil ; ainsi je peux venir le manipuler sans risquer qu'il ne me charge. Si on est deux l'un peut gérer la laisse derrière les barreaux suivant les réactions du chien, resserrer si besoin par exemple. Si j'ai du mal à mettre la muselière, je peux lui en constituer une faite avec un lien qui me laissera plus de marge pour la lui mettre sur le museau. Ensuite je pourrai en superposer une vraie pour faire un transfert (le premier lien sera alors retiré). Ainsi le chien s'habituera rapidement aux manipulations, à la muselière et au contact du nouveau maître.

Je laisse le chien venir naturellement vers moi, je peux aller au contact quand il ne montre plus de signe de vouloir me charger. Je ne retire la muselière que lorsque je suis sure qu'il n'y a plus de risque. C'est-à-dire qu'il vient vers moi en confiance, qu'il remue le fouet, ou qu'il ne montre pas de signe de virulence même dans l'opposition. C'est en le manipulant que je connais ses réactions et si il y a encore des risques.

Si le chien appartient à quelqu'un ou s'il est trop fort pour être gérer seul, Je peux utiliser la méthode des 2 laisses avec 2 colliers : chacun tient de part et d'autre du chien une laisse et un collier, ce qui permet de le sortir et de lui demander des choses sans qu'il ne puisse se retourner ni sur son maître, ni sur l'autre personne ; de plus, avec deux colliers, on est plus fort pour monter un peu le niveau de pression et faire céder le chien.

On se sert de cette méthode si pour x raisons on ne peut pas museler le chien ou dans certains exercices de travail au mordant, notamment pour une demande d'immobilité à distance.

Si le chien est peureux, je peux mettre un autre chien sociable avec lui sur lequel il pourra s'appuyer ; ainsi sa sociabilité avec son maître s'installera beaucoup plus vite en voyant que son compagnon en n'a pas peur.

Le chien qui attaque les autres animaux : je vérifie sous muselière si cela vient de son fond naturel (prédateur), si je peux le contrôler et si cela présente un réel danger, je mets en place les dispositifs pour ne pas prendre de risque (pas d'autres animaux en cohabitation ou à proximité, sortie muselé si présence d'animaux...)

L'adaptation de tous chiens est assez rapide si je sais proposer des gestes sûrs et clairs ; je ne me laisse pas faire et je mets rapidement les interdits s'il le faut, mais en restant douce et bienveillante ; une fois que l'explication est donnée, je retourne vers mon chien pour réinstaller une bonne relation.

Aménagements pour chien diagnostiqués à risque

Certains chiens, par sécurité ne pourront pas vivre dans un cadre familial et seront aussi heureux de vivre dans un jardin ou un chenil adapté, si possible lâché la moitié du temps sur un plus grand terrain quand cela ne présente pas de risque, avec la présence d'un compagnon , et des balades

2ème Partie : *techniques et méthodes d'apprentissage*

Chapitre 1 : exercices de bases

Le chien doit être à l'écoute du maître, il doit le regarder quand celui-ci lui parle ; en tout cas c'est un critère qui détermine si le chien lui accorde son attention et cela peut faciliter la bonne exécution des ordres.

- On travaille toujours avec des demandes faciles au départ ; on exige peu, mais réussi, on complique ensuite. Les exercices complexes seront fait à partir d'exercices déjà connus et d'abord sur les positions que le chien prend naturellement. C'est-à-dire que le principal est qu'il exécute ce qu'on lui demande, même si ce n'est pas exactement à l'endroit ou dans la position que l'on souhaitait. Il reprendra naturellement la place demandée ou on affinera par la suite.

- Aller jusqu'au bout de l'exercice, si le maître s'arrête avant, le chien ne peut pas comprendre ce qui lui était demandé et ne pourra donc pas le restituer.

L'utilisation du matériel va permettre de donner des impulsions, des indications supplémentaires, on „enrichit les paramètres". Ce sont des déclencheurs de réactions, de renforcement de nos demandes. Ce sont des outils de communication avec le chien.

Toute aide pour emmener facilement le chien là où on veut est bonne, à partir du moment où ses réponses sont fluides, sans résistance et dans son bien être. On dégrossit d'abord l'ordre et on l'affine après. On vérifie sa bonne compréhension d'une part et l'exécution immédiate d'autre part, ce qui inclut une certaine souplesse du chien.

Pendant les exercices, le maître étant le point de repère il doit se positionner toujours vers la marche en avant, le chien à côté de lui même pendant les exercices des positions; il doit rester bien droit et ne pas bouger dans tous les sens; il est le point repère du chien, s'il veut un chien posé à ses côtés, il doit lui montrer un point de repère stable. Le chien ne doit pas être devant lui au risque de le gêner dans sa marche, ni être trop loin car il ne sera dès lors plus sous contrôle.

1.1 Travail en laisse, ordre de base simple:

La marche au pied placé à droite et à gauche implique que c'est le chien qui doit suivre le maître et non l'inverse, il ne doit pas le gêner. Pendant les déplacements, il est bien de lui apprendre à se situer à droite et à gauche; cela permet une malléabilité du chien dans la marche. Ainsi, peu importent les obstacles de la route, le chien ne sera pas gêné de devoir se positionner d'un côté ou de l'autre du maître. Mais ce n'est pas le chien qui choisi de changer de côté et de faire des va et viens;

La laisse sera tenu par la main qui est à côté du chien car c'est la main la mieux placé pour être la plus précise; l'hanse sera placé dans l'autre main au début par soucis de sécurité, mais pourra être lâchée dès que le chien sera à l'écoute. On évite de faire des noeuds avec la laisse autour des mains au risque de ne pouvoir avoir de la souplesse et de la précision dans l'action sur la laisse.

On peut aussi lui apprendre à marcher entre les jambes pour avoir une progression ou l'on va maîtriser parfaitement le chien. Mais cette pratique peut avoir la fâcheuse tendance à prédisposer le chien à essayer de venir se mettre entre vos jambes même quand vous ne le souhaitez pas, ce qui peut être très vite désagréable.

La laisse est parfaitement détendue, ce n'est pas à moi de retenir mon chien mais c'est à lui de comprendre qu'il doit rester à cette place. Ceci est valable d'ailleurs pour toutes les demandes, c'est à lui de faire l'effort de faire ce qu'on lui demande et non à moi de l'assister. Cela prouvera d'une part qu'il a compris et d'autre part le rendra plus autonome.

Plus on procède avec une laisse détendue et plus on se rapproche du travail avec un chien en liberté, donc à la voix.

Pour une belle marche au pied, j'agis sur le collier dès que le chien me dépasse, je fais des changements de direction et des arrêts en lui répétant *„son nom, au pied !"* et en le félicitant dès qu'il est à la bonne place.

Les changements de direction permettent une impulsion plus précise sur le collier en utilisant un contrepoids plus efficace lors des deux actions en sens opposés du maître et du chien

La marche au pied sans laisse

Je fais évoluer l'exercice en laissant traîner la laisse entre le chien et moi, ainsi je peux la bloquer avec mon pied dès qu'il me dépasse en lui indiquant illico *„son nom, au pied !"*. Cela permet aussi de lui faire comprendre qu'il doit écouter même sans laisse. Au moment où je marche sur la laisse, je tape dans mes mains pour attirer son attention et lui faire comprendre qu'il doit revenir à sa place. En lui indiquant *„au pied !"*, il doit revenir de lui-même. Je m'éloigne en l'attirant s'il ne bouge pas pour lui faire comprendre qu'il doit revenir vers moi, je peux aussi rajouter une impulsion dans le collier vers moi. Je lui indique éventuellement *„un tourne !"* si il s'assoit à l'envers en le faisant pivoter pour retrouverr à sa place.

Cette méthode est très efficace et très précise puisqu'elle est rapide et immédiate. On augmente donc la pression en utilisant le pied sur la laisse (on a beaucoup plus de force) et en ayant un lien direct dans la direction du chien. De plus, il n'y a pas de résistance possible puisqu'il n'y a pas de point d'ancrage contrairement à la marche au pied avec la laisse, où le chien peut prendre appui et opposer sa force à qui le retient.

D'ailleurs on remarquera que parfois le chien évolue mieux sans la laisse. Cependant, le résultat reste souvent peu précis. On peut constater donc que tirer sur la laisse est simplement un mauvais pli que prend le chien. Mais il est important qu'il accepte ces contraintes, car il doit être adapté à tout ce que lui impose son maître, cela lui donne des limites et des règles à respecter.

1.2 les positions

La position „assis" est celle la plus évidente puisque, pour nous regarder, le chien lève naturellement la tête et s'assoit de lui-même dans l'élan de cette posture, d'autant plus facilement qu'il lui a souvent été proposé une friandise comme récompense

La plupart des gens appuient sur les fesses du chien pour le contraindre à s'assoir. Or, par cette méthode, on s'aperçoit qu'il y a une résistance de la part du chien ce qui ralentit l'apprentissage.

Pour lui apprendre à s'assoir, on s'accroupit à côté de lui, une main le tenant par la laisse tout près du collier ; on va faire fléchir ses pattes arrière au niveau du pli du genou avec le côté de la main ou l'avant bras selon le gabarit du chien ; il va venir s'assoir naturellement, c'est comme si on nous mettait une pression derrière les genoux cela à pour effet de nous faire fléchir automatiquement les jambes. Au moment où l'acceptation se réalise et que les fesses vont vers le sol, on accompagne le mouvement par un „oui !" et on y associe le mot „assis !" .

La position du couché est une grosse contrainte pour le chien, d'autant plus qu'il a beaucoup d'énergie à revendre. Il n'aura pas trop envie d'obéir à votre requête. Mais c'est un indicateur de bonne écoute , quand il accepte de se coucher c'est qu'il est en confiance et qu'il a une bonne obéissance au maître.

À partir de la position assis qui est la plus aisée (je pourrai par la suite aller directement au „couché" en partant de la position „debout"), tout en restant accroupi à côté du chien, je passe une main de chaque côté de lui, et j'attrape les deux pattes avant au niveau des coudes. J'influe sur eux pour les tendre peu à peu vers le bas pour aller au sol ; en même temps je maintiens mon coude au dessus du dos pour le maintenir au sol, voir le genoux pour les chiens très fort; ensuite, je maintiens une pression sur son dos pour le fixer au sol et l'empêcher de se redresser. Avec l'autre main, je tiens la laisse au plus près du collier pour le maintenir à côté de moi ; je valide au moment ou je le sens céder dans ses pattes, c'est-à-dire qu'il va les étendre de lui-même pour se poser au sol ou quand je sens qu'il se pose vraiment au sol; on accompagne le mouvement par un oui et on y associe le mot „couché !".

Je dois pouvoir me relever sans que le chien ne change de position et garde sa place couché au sol ; s'il a du mal à tenir en place, je peux mettre mon pied qui est de son côté sur la laisse, le plus près possible du collier pour le maintenir au sol le temps que je me relève et lui signaler ainsi que c'est la position que je veux qu'il conserve, même si je me relève.

S'il se couche sur le flanc, ce n'est pas grave, le tout est qu'il comprenne qu'il doit mettre son corps au contact du sol ; ne pas y prêter attention, il se remettra de lui-même sur son poitrail en position de sphinx.

Le seul point qui rend le couché en sphinx plus pratique, c'est qu'il permet au chien un changement de position rapide.

On peut aussi lui proposer une friandise au sol devant et la lui donner une fois qu'il s'est couché pour l'attraper ; la friandise peut être utile pour détendre un chien ou lui faire accepter la contrainte s'il est réfractaire ou tout simple ment tendu

.

La position du debout est la plus difficile à avoir puisque c'est une position statique naturelle du chien, mais qui n'a aucun point d'ancrage, donc pas facile à tenir dans l'immobilité ; par contre cela demande une grande finesse dans la qualité du dressage car si on est trop dur avec un chien, il aura tendance à se prostrer, donc à avoir une position qui tend vers le couché ; il aura du mal à se tenir à l'aise dans la position du debout.

Je travaille cette position à l'aide de mon pied qui se trouve du côté du chien et je lui soulève l'arrière train en passant le talon sous le ventre ; je le glisse bien pour avoir assez de prise pour pouvoir le soulever. Selon le gabarit du chien et la grandeur du pied, je peux aussi ne glisser que le plat du pied.

Le fait d'utiliser le pied pour cet exercice a plusieurs avantages:

- la discrétion du geste (rappelons que le but étant d'enlever les artifices par la suite pour n'utiliser que la voix et que les commandements et les actions restent discrets d'un point de vue extérieur),

- l'utilisation du pied et de la jambe sur le chien qui, s'il n'y est pas habitué, peut une fois adulte ne pas l'accepter : alors que la jambe est une partie intégrale du corps – j'ai vu des chiens vouloir mordre le pied de leur maître – ,

- la rapidité du geste puisque la jambe est juste à côté du chien : on aura donc une réponse immédiate et un code clair,

- et la force de la jambe qui dans certains cas peut être utile pour se rendre plus fort.

Passage de position couché en assis : sur un chien qui est en position couché, plusieurs méthodes sont possibles, mais on évite de tirer sur la laisse et le collier dans un premier temps, ce qui nous ferait apprendre en résistance. Selon la réceptivité du chien on peut:

- lui indiquer qu'il doit se redresser en l'attirant du bout du nez avec quelque chose (un jouet, une friandise, un objet qui l'attirerait ...)

- le gêner en poussant l'épaule du pied du côté ou le chien prend appui (ce qui peut marcher aussi pour le mettre directement debout).

- lui toucher les pattes de devant du bout du pied pour le gêner

À chaque fois en l'attirant vers le haut avec la main et en lui indiquant dès qu'il fait mine de se redresser *„oui, assis“*. On fera attention qu'il ne se relève pas complètement en le stoppant dans la position assise avec la laisse et le collier.

1.3 les immobilités et blocages

L'immobilité ou fixation: on demande au chien de maintenir une place ou une position donnée sur l'ensemble ou une partie du corps; cela permet d'apprendre au chien à se poser, à se calmer.

74

Cette immobilité est inculquée par la mère quand ses chiots sont trop agités, elle les plaque au sol et ceux-ci maintiennent une immobilité pendant quelques secondes.

Je commence à lui apprendre sur une position de base simple, le „*assis*".

Sur un assis je maintiens ma laisse au dessus de la tête du chien pour pouvoir agir rapidement s'il bouge. On commence l'exercice sur un petit laps de temps, celui de s'écarter du chien d'un pas et de revenir à côté de lui. Il ne doit pas se lever avant que le maître ne soit reparti avec son chien „*le nom du chien, au pied !*"

Pour faire évoluer l'exercice, je procéderai de la même manière en faisant le tour du chien avec la laisse, puis peu à peu je la poserai et m'éloignerai de plus en plus et de plus en plus longtemps.

Il est plus aisé de commencer l'immobilité sur un assis ou un couché ou il y a des points d'ancrage au, sol ce qui l'immobilise plus facilement ; la position debout en immobilité est plus difficile à obtenir n'ayant pas de point d'ancrage solide avec le sol.

Sur la position couché, pour pouvoir me relever sans qu'il ne se relève, je peux maintenir la laisse au sol avec le pied qui est du côté du chien le plus près possible du collier. Si je vois qu'il ne bouge pas, je retire mon pied pour libérer la laisse et ainsi travailler sur une laisse détendue.

On travaille l'exercice sur les 3 positions apprises: assis, puis couché, puis debout (selon l'ordre des positions apprises).

Sur le debout je suis prête à mettre mon pied sous lui pour l'empêcher de se rassoir car il aura tendance à vouloir le faire à chaque pression de la laisse pour le maintenir à sa place. Car c'est ce que l'on lui a appris à faire de manière automatique.

Je peux aussi l'attacher à un point fixe pour lui apprendre l'immobilité, surtout si il est très insistant pour rester „collé" à son maître. De plus, cela l'habituera à être attaché sans paniquer puisque comme on l'a vu, plus on habituera le chien à tout type de situation, plus il sera conditionné à la vie avec les humains.

Au fur et à mesure, je pose la laisse et m'éloigne de plus en plus, en marchant et en courant.

Le rappel au pied apprend au chien à faire attention à son maître; c'est toujours lui qui doit venir au maître et non l'inverse. Cela permet de fixer le chien sur son maître notamment en balade pour lui donner l'habitude de ne pas s'éloigner et donc de minimiser les risques de le perdre.

On s'accroupit au sol et on l'appelle gentiment pour lui donner envie de venir ; on peut
faire du bruit pour attirer son attention et le sol-
liciter, utiliser ses mains pour matérialiser
l'endroit du retour en tapant dedans ou contre
sa cuisse ; dès que le chien a un mouvement de
retour vers nous, on valide de suite avec un
„*ouiiii!*" ; on peut renforcer avec un jouet ou une
friandise.

On le travail en longe au début pour lui faire
comprendre que même en liberté il doit nous
écouter ; cela permet d'une part de travailler en
sécurité et d'autre part de pouvoir agir sur lui et

de lui indiquer ce qu'on attend à distance ; au moment où celui-ci est absorbé par un divertissement on le rappelle au pied, et s'il ne vient pas ou tarde à venir, on donne des petites impulsions sur la longe vers soi jusqu'à ce que le chien soit revenu au pied. Au fur et à mesure que le chien se rapproche, on mouline la longe pour qu'elle reste relativement tendue. On évite ainsi que le chien s'enroule dedans et cela nous permet d'être précis dans le chemin du retour, c'est-à-dire en ligne droite et rapidement.

On peut aussi laisser traîner la longe et marcher dessus au moment du rappel ou si le chien montre un signe d'éloignement, au moment ou la longe le stoppe, on y associe tout de suite l'ordre „nom du chien, au pied" ; cette méthode est aussi utilisée pour avoir une marche au pied sans tenir la laisse, dans quel cas on la bloquera le plus près possible du chien dès qu'il s'éloignera de la place voulue. C'est çà dire ici dès que ses pattes dépassent le maître ; pour une marche au pied détaché, on peut aussi laisser traîner la laisse à côté du chien du côté du maître s'il n'y a pas de risque alentour vu le temps d'action bref dû à la faible longueur de la laisse. Le but est d'estomper le plus possible le port de la laisse ou longe pour que le chien ne la sente plus et comprenne que même sans être attaché, il doit écouter.

La méthode du pied sur la laisse ou la longe est très efficace car très rapide et directe puisque elle se situe au niveau du chien en lien direct ; cela à pour effet de monter la pression ; plus la longe est longue plus la pression est élevée. De plus il n'y a pas possibilité au chien d'avoir un point de résistance puisqu'il ne rattache pas l'action à notre personne.

Le blocage sur un chien en action: une fois le rappel au pied et l'immobilité acquis, on va combiner les deux; on demandera une immobilisation à distance sur un rappel du chien au pied. On pourra demander le blocage sur une position assise, mais ce qui compte en premier lieu dans cet exercice, c'est l'immobilisation du chien. Donc, si il adopte une autre position on travaillera d'abord sur celle qu'il prend naturellement, d'autant plus que si il choisit de se coucher à distance, cela signifie un bon monté de niveau et montre que le chien est bien à l'écoute et qu'il obtempère.

Cet exercice est très complexe car il demande une grande attention du chien, il lui demande au de travailler à distance seul comme un grand (il fait grandir le chien), de prendre de l'indépendance, d'interpréter deux ordres contraires (le rappel au pied et le blocage à distance).

Mai c'est un travail qui fait grandement évoluer l'attention et la compréhension du chien.

Il permet en cas d'urgence de le bloquer à distance (si une voiture passe entre lui et son maître par exemple) ou de le stopper si il ne revient pas au rappel au pied (exercice qui est plus dans l'autorité et qui peut avoir plus d'impact sur le chien de ce fait)

Pour bloquer son chien on se sert d'une longe. Une autre personne en arrière ou sur le côté selon les réactions du chien marchera sur la laisse au moment de la demande au chien de se stopper, ce qui aura pour effet d'indiquer au chien son arrêt dans la marche. L'assistant doit intervenir le plus discrétement possible dans l'exercice pour en disparaître au fur et à mesure. Il ne doit pas faire attention au chien et marcher discrétement sur la laisse.

Ensuite on affine à demander les 3 positions exactes à distance et d'en changer à distance au même endroit.

On peut s'aider d'une tierce personne pour renforcer les demandes du maître à distance, l'intervention de celle-ci doit être bien coordonnée ; le chien doit comprendre qu'il doit écouter son maître et ne pas faire attention à l'autre personne ; parfois le chien revient systématiquement aux pieds de l'assistant (pour lui le blocage est assimilé à un retour au pied).

Le chien peut aussi jouer avec la longe, ne pas être sensible aux impulsions de l'action sur la laisse et le collier, être trop distrait ou en résistance ; dans ces cas là on n'insiste pas et on passe directement au travail de blocage en libre à distance.

En utilisant cette méthode parallèle, on pourra revenir sur les demandes en laisse par la suite qui n'ont pas fonctionnées lorsqu'on aura obtenu plus d'attention et de souplesse de la part du chien.

Parfois il faut un peu de temps pour que les petites connexions se fassent dans sa tête, selon qu'il n'a peut être jamais été stimulé dans ce sens ou qu'il soit un peu plus lent et réfractaire de base. Chacun évolue à son rythme. En général la réponse se fait immédiate, parfois elle apparaît à la leçon suivante.

Même travail avec diversion, appel et jeux des individus autour, du ou des maîtres, diversion avec jouets, nourriture puis chiens.

Le blocage à distance permet d'apprendre Le respect du passage des portes et du portail.

Chapitre 2 : le Travail en liberté et à la voix

Tous ces exercices se font d'abord en laisse et en collier, pour pouvoir encadrer le chien facilement et précisément ; puis ils doivent s'opérer en liberté pour avoir un chien „au doigt et à l'œil"

Travail en longe : (semi liberté) travail en sécurité pour vérifier que la communication est bien établie.

On apprend au chien à être à l'écoute même à distance. Ce n'est pas parce qu'il est loin de son maître qu'il ne doit pas écouter.

2.1 Explication travail à distance

La laisse de contrôle : au départ dans les exercices, on peut laisser une laisse attachée au collier du chien mais posée au sol ; elle sera utile pour ajouter des indications au chien ; en effet si celui-ci bouge trop et donc ne comprend pas ou fuit, alors que ce n'est pas ce qu'on lui a demandé, elle nous servira à marcher dessus avec le pied pour stabiliser le chien, lui indiquer une place précise, et l'emmener là où on le désire. Toujours dans l'optique de retirer peu à peu le contact avec les mains pour que le chien exécute seul les exercices.

La méthode à distance s'utilise en envoyant un petit objet sur le corps du chien éloigné ; je me sers des bases de la communication habituels:

il faut toujours associer une action à une demande, puisque le chien ne comprend pas notre langage et ne peut pas deviner ce qu'on attend de lui.

L'objet lui sera adapté proportionnellement et selon sa sensibilité, le but étant avant tout d'impressionner le chien.

En effet, on utilise des techniques et des accessoires qui nous rendent plus fort, afin de l'impressionner.

C'est une méthode qui fonctionne très bien car:

- d'une part le chien qui est à distance sait que le maître ne peut pas l'atteindre. Il va prendre tout son temps ou faire ce dont il a envie sans se préoccuper de son maître. Lorsqu'on va envoyer l'objet sur ses fesses, il va se demander „mais comment mon maître peut-il m'atteindre de là bas" puisque lui ne sait pas le faire. Il va être impressionné en voyant que la chose est pourtant possible .

C'est comme si avec ma pensée je soulevais un objet, vous seriez bien impressionné !.

- C'est une action rapide qui agit au temps T
- C'est une action à laquelle chien ne peut pas s'opposer. N'ayant pas de point de résistance direct avec le maître, il n'y a pas de rapport de force.
- Cette action renforce en général l'attention du chien sur son maître, s'il n'est pas attentif gare à ses fesses!
- Cette méthode est à utiliser avec grande précision et rapidité des indications gestuelles et verbales dans un à propos très rigoureux. En effet si l'exercice n'est pas bien expliqué au chien, on risque de lui faire peur et de créer des réactions contraires à celles que l'on attend. Le but n'étant pas de le faire fuir, mais de le ramener à soi.

Si on me jette un objet sur moi et qu'on ne m'explique pas pourquoi, moi aussi je vais avoir peur!

- L'utilisation d'un projectile bruyant tel une chainette est intéressante par le fait que par la suite, le simple son émis par le projectile suffira pour attirer l'attention du chien et renforcer ma demande.

Le poids de l'objet doit être proportionnel à la réceptivité du chien ; si j'envoie une brindille cela n'aura aucun effet sur lui et il n'y prêtera pas attention . L'objet doit le gêner suffisamment pour qu'il s'inquiète de qui lui envoie.

Une simple laisse enroulée peut suffire pour un chien sensible. Si il n'est pas réceptif car peu sensible physiquement, je monte un peu la pression en utilisant un objet un peu plus lourd et/ou bruyant ou volumineux comme un collier chainette, une bouteille plastique ou une boîte métallique remplie de petits objets selon la sensibilité du chien. Je pourrais ensuite reprendre un petit objet une fois que le chien aura compris la manipulation.

Quand je n'ai rien sous la main, un simple petit caillou suffit à faire le contact!

La demande doit tomber en même temps que l'objet pour que le chien fasse un lien de cause à effet ; cela va d'une part attirer son attention, puisque dans ces conditions il ne peut pas nous échapper, avoir un effet immédiat et va monter la pression donc l'écoute et la maîtrise du chien.

Il ne peut pas se cacher sous une haie ou un lit. Avec cette méthode je peux l'atteindre n'importe où et sans utiliser les mains, dans le cas d'un chien qui essaierait de pincer par exemple, sans vouloir écouter.

J'insiste jusqu'à ce qu'il cède, parfois il ne comprend pas tout de suite. Il est alors important d'aller jusqu'au bout de l'exercice.

Il ne faut pas laisser un chien se figer ou se réfugier dans un coin parce qu'il est très sensible ou parce qu'on n'a pas bien réussi à doser et à lui expliquer l'exercice. Dans ce cas, soit je le rappelle au pied en continuant d'utiliser l'envoi de l'objet. Si vraiment il ne se décolle pas pour revenir, je me rapproche pour le stimuler, je peux le caresser ou le prendre dans les bras afin de le rassurer, et je le repose pour qu'il ait de lui-même un mouvement de retour en ma compagnie et se décontracte.

Dans l'apprentissage je vérifie toujours avant d'envoyer le chainette si le chien ne s'executera pas à son simple bruit ce qui sera peut être suffisant car il ne faut pas s'en servir à tout bout de champs „ce n'est pas une baguette magique!"

Elle doit rester dans la poche et je la sors que lorsque j'en ai besoin sur un exercice.

On peut essayer aussi d'utiliser un pistolet à eau sur certains chiens qui peuvent y être receptif.

On commencera la méthode à distance sur un rappel au pied qui associe une demande avec une félicitation claire sur l'exécution de la demande. Une fois acquise, on pourra utiliser la méthode pour renforcer toute autre demande à distance avec les interdictions de manger ou mordiller n'importe quoi, chiper la nourriture du maître, l'aboiement, creuser des trous, passer à des endroits interdits (sortir du jardin, rentrer dans la chambre, monter les escaliers…), ne pas sauter sur les gens, ne pas bousculer…les bagarres de chiens, et plus délicat les blocages et les positions à distance. ,,

j'utilise beaucoup l'honomatopé „pish" pour les interdits ou attirer l'attention, c'est très reposant, très discret surtout quand on est à l'extérieur et très efficace en sonorité pour le chien.

Lorsqu'un chien à du mal à se détendre et à céder dans les exercices d'obéissance, comme les contraintes des positions assise et couché, je passe rapidement à du travail à distance qui a un autre effet sur lui. En effet la méthode à distance n'implique aucune contrainte corporelle au sens strict du terme, on passe par un impact plus psychologique que physique. Il ne peut y avoir de résistance car il n'y a pas de matériel sur lequel il peut s'appuyer comme la laisse ou le maître, vu qu'il n'est pas en contact avec lui.

Cette méthode marche très bien aussi sur un chien qui a du mal à se concentrer et à se canaliser, il permet de le stabiliser et de le calmer. C'est une méthode qui agit immédiatement.

2.2 Mise en pratique travail à distance

Le rappel au pied à distance : au moment de rappeler mon chien, si celui-ci ne vient pas je lui envoie une petite chaînette sur les fesses en le rappelant gentiment en même temps. S'il ne s'exécute pas, je lui récidive jusqu'à ce qu'il réagisse, tout en l'appelant ; si mon appel n'est pas simultané avec l'impact de la chaînette, il aura du mal à faire le lien ; s'il ne réagit pas c'est
- qu'il n'a peut être pas compris, il lui faut un peu de temps d'assimilation
- ou que le projectile ne le gêne pas. Je peux alors choisir de monter un peu la pression, donc la masse du projectile nécessaire à capter l'attention dechien.

Il faut que l'objet le touche, car sans action sur lui, cela ne produira aucune réaction, le bruit seul ne suffira pas dans un premier temps.

Au moment de lancer la chainette, je m'accroupi et j'accueille mon chien „x, au pied" et dès qu'il me regarde je valide par un „ouiiii" et accompagne ainsi son retour à moi. Ainsi la demande est bien claire et dynamique qui le mette tout de suite dans un bien être.

Je peux travailler en lançant l'objet de ma place et attirer le chien à moi, mais je peux aussi le pousser avec cette méthode, vers son maître si on procède à deux. Il faut que le maître sache bien attirer son chien sur lui, l'accueillir gentiment, expressivement. Le chien ne doit pas faire attention à l'objet ni à l'assistant, mais seulement aux directives de son maître.

Je peux aussi le pousser avec vers la direction que je veux qu'il prenne („dehors" si je veux qu'il aille dehors).

On dégrossit, puis on affine.

Le blocage du chien sur un rappel: sur une immobilité, on rappelle le chien au pied. Sur le chemin du retour, on lui demande de se stopper et de prendre une position „stop-assis", en général la station assise (exercice qu'on a débuté avec la longe) ; si le chien n'obtempère pas, on jette un objet devant lui pour matérialiser l'arrêt, l'idéal étant que l'objet touche ses pattes pour le stopper à cet endroit précis. On répète jusqu'à ce que le chien s'arrête et prenne la position demandée.

Au début il risque de ne pas comprendre car l'exercice est assez difficile à interpréter, il lui faut du temps de pour faire la relation de lien à l'effet. Même si il ne s'arrête pas à l'endroit demandé au début, ce n'est pas grave. Il faut aller jusqu'au bout de l'exercice et qu'il finisse par s'arrêter et prendre la position.

Il ne faut pas le laisser revenir au pied du maître car ce qu'on veut dans cet exercice, c'est justement qu'il s'en détache et qu'il le fasse tout seul à distance. Il aura tendance, surtout si il est en doute, à vouloir rejoindre son maître pour se réfugier auprès de lui et se mettre à son contact.

S'il prend une autre position pendant l'arrêt, ce n'est pas grave car au début on travaille avec ce qu'il va nous présenter naturellement et on refait l'exercice avec la position qu'il adopte ; comme l'exercice est difficile, cela lui met une certaine pression et il se peut qu'il adopte facilement la position du couché. C'est un bon signe pour un chien, qui sera désormais à l'écoute, car c'est la position la plus contraignante et s'il l'adopte facilement, c'est comme si il nous disait : *„ok c'est toi qui commande je me couche* !"

Au fur et à mesure qu'il comprendra, il se détendra et il reviendra en ligne directe et s'arrêtera là où vous l'avez demandé.

C'est justement avec ces exercices à distance que l'on obtiendra la position du couché à la voix si on n'y arrivait pas à la laisse.

Une fois que le chien a bien compris cet exercice, je peux mettre plus de précision et demander une position donnée. Ainsi je vais travailler les positions à distance.

Si il a du mal à comprendre, je rajoute une longe de contrôle pour lui montrer la direction de retour ou le stabiliser dans son immobilité.

Les positions à distance: je fais une petite pression avec l'objet pour obtenir la position demandée. Au début du assis au couché, et ensuite on affine du couché au assis puis au debout.

Chapitre 3 : le matériel utilisé

3.1 Sécuriser et maîtriser.

En équitation on appelle cela les aides artifi-
cielles, c'est un terme que j'emploie beaucoup
car il est bien approprié.

C'est-à-dire qu'elles sont là pour renforcer la
demande, pour diriger le chien dans un sens,
pour créer des automatismes et des réponses
précises et immédiates, pour se rendre plus fort
et aussi lui faire croire, même si c'est pas vrai.
Mais elles sont là aussi pour trouver sa place et
pouvoir s'en passer pour être remplacées par
une communication verbale et gestuelle.

En vérité il est difficile de s'en passer, car sinon, en leur absence, on s'affaiblit et le chien
naturellement reprend le dessus. Mais ceci n'est
pas un problème en soi, le matériel utilisé est
simplement un matériel de contention approprié
et adapté. Il est là pour donner des indications
au chien.

Un chien que l'on maitrise est un animal qui
restitue ce qu'on lui demande et ce dans
n'importe quelle circonstance pour éviter qu'il
ne gêne ou ne crée un accident; il ne pas avoir
de mouvements ou d'aboiements incontrôlés et
intempestifs envers les êtres vivants aux alen-
tours, que ce soit des animaux ou des humains Il

doit se tenir calme à côté de son maître en milieu social.

Le matériel qui existe ne rend pas les chiens agressifs (muselière, collier à picots, etc…) si on les utilise correctement, comme toutes choses par ailleurs. Il est normal que le chien se mette en défense en cas de mauvaise mise en œuvre d'un matériel. On doit d'abord l'y habituer et lui expliquer ce qui se passe dans un langage qu'il comprenne. La plupart du temps, ils n'y sont pas habitués et on leur met au moment d'une situation compliquée, comme une muselière lors d'un soin.

Ce sont les circonstances et le manque d'apprentissage qui conduisent le chien à se mettre en défense et non le port de l'objet.

Les mentalités doivent changer, on doit utiliser du matériel de contention qui facilite la vie et règle rapidement les problèmes. Les gens qui ne comprennent pas cela, c'est qu'ils ne sont pas confrontés aux problèmes cités ici.

Ou Ils les subissent sans s'en rendre vraiment compte, n'anticipent pas les conséquences pour le chien ou ne maîtrisent pas leur propre émotion et ne se mettent pas face à la réalité.

Certains finissent par „craquer" car le chien devient incontrôlable, dangereux, nuisible pour

une vie en communauté ou destructeurs dans des maisons d'humains et finissent par les abandonner ou les faire euthanasier par „convenance" au final puisqu'il existe en réalité de vraies solutions.

Les vétérinaires et autres professionnels ou membres d'associations doivent se former réellement pour prendre ce recul qu'ils n'ont pas et apprendre à accompagner les maîtres des chiens en difficulté et en détresse et à les diriger vers des professionnels qui savent régler ces problèmes.

Il existe des solutions : soit en réglant les problématiques et ce rapidement, soit en mettant en place des parades et des aménagements pour contrôler le chien et la mise en sécurité, et ce dans la faisabilité de la chose par le maître (aspect financier, environnemental, familial).

Le chien n'est pas responsable de ses actes, il ne mérite pas qu'on l'envoie à la mort, personne ne mérite ça en réalité. J'adhère à ces solutions qui fonctionnent très bien et ce dans le bien être de l'animal, le fait de comprendre, maîtriser et expliquer au chien d'une façon qui va le stabiliser.

Je n'ai jamais condamné un chien à la mort par simple convenance ou ignorance et je ne le ferai jamais.

Le matériel utilisé doit être pratique à l'emploi, léger et efficace, il ne doit pas encombrer et être facile à manier pour être précis.

Le chien est en général plus fort que nous, nous allons utiliser donc du matériel pour nous rendre plus fort, pour faire le contrepoids.

Nous allons chercher à atteindre son seuil de sensibilité pour qu'il prête attention à nous et qu'il fasse ce qu'on lui demande sans discuter ; ceci afin d'assurer la sécurité de tout le monde et vivre en harmonie. Mais il ne faut pas dépasser ce seuil de sensibilité, sinon, dans ce cas, oui, on rentrerait en effet dans la souffrance.

Le chien doit pour son bien être accepter les contraintes et les limites qu'on lui propose, comme tout être vivant, comme les enfants. S'il n'y a pas ce fait des choses établies, cela donne un être qui n'a aucune limite, qui ne peut donc trouver les siennes et se contrôler lui-même.

3.2 colliers et laisses

La laisse : la laisse en chainette fait mal aux mains et n'est pas du tout précise dans l'utilisation ; les laisses en nylon rondes glissent dans les mains et sont encombrantes si épaisses ; **je préconise une laisse en cuir chromé de 1 m de long et de 16mm de largeur** : elle est souple en main tout de suite, montera un peu la pression car elle a un effet un peu élastique, donc décuple notre force. De plus, elle a une bonne tenue en main, surtout si vous avez plusieurs chiens, elles seront pratiques à l'emploi pour ne pas emmêler les laisses et les chiens par là même !

La longe : je préconise une longe fine et légère en nylon rond de 5m ce qui est largement suffisant pour le travail demandé.

Pour les chiens très forts, elle sera difficile à tenir : il faut donc passer soit à une longe en tissu et gomme plate assez large, voir à une laisse en cuir pour les plus forts.

Le harnais : le harnais est fait pour laisser le chien se mouvoir en toute liberté, il n'induit aucune gêne ; il est utilisé pour le travail des chiens, pour ne les gêner le moins possible, voir pour prendre appui dessus au maximum ; ainsi, les chiens de traîneaux portent un harnais pour pouvoir tracter au mieux le traîneau.

Le harnais anti-traction: il peut fonctionner sur certains chiens. Il les gêne dans leur marche et les empêche de tirer ; il peut être utile pour certains rares chiens hypersensibles qui auraient des réactions trop vives avec de la contrainte physique directe comme le torquatus, auquel cas il faut trouver d'autres solutions ou un chien qui serait fragile de la trachée. Cependant ce harnais ne peut agir sur les autres apprentissages hormis la marche au pied, et n'est pas assez encadrant pour un apprentissage précis.

Il existe aussi des systèmes anti traction avec une laisse et un lacet qui lui prend la tête et la gueule en guise de collier. Je trouve que ce système est le moins pratique pour les balades du chien (ce qui ressemble au système du licol du cheval).

On peut se servir d'un simple harnais pour l'utiliser en harnais anti-traction s'il a une boucle devant ou en en fixant une.

Les colliers : j'utilise du matériel qui agit sur les chiens, ils donnent des indications, ce sont des éléments déclencheurs, ils rajoutent de la pression qui nous rend plus fort.

On ne laisse pas un collier en permanence sur un chien car cela peut lui casser le poil, voir lui laisser un tour de cou à nu ; parfois le poil ne repoussera pas ; de plus cela laisse une prise facile pour un éventuel voleur ou une personne mal intentionnée. Il peut aussi s'étrangler ou rester bloquer quelque part.

Le collier permet, sans rentrer en conflit avec le chien, de régler rapidement les problèmes de directives. Il est là pour donner des impulsions, pour déclencher des réactions de sa part. On a une meilleur prise et donc un meilleur contrôle sur son chien.

La chaînette ou collier étrangleur:
Le but n'est pas d'étrangler le chien ou d'appuyer sur la trachée, ce qui ne lui apprendrait rien par ailleurs. Le chien va prendre appui sur le collier comme un simple collier plat et tirer dessus. Le but est de donner un à coup bref et rapide sur le collier en tirant sur la laisse, de bien détendre la laisse et laisser l'ensemble reprendre sa place naturellement. Si on n'entend pas la chaînette coulisser, il ne se passe rien et il n'y a aucune action sur le chien. Au moment ou elle va venir coulisser, elle va, à l'instar d'une fermeture éclair qu'on referme, pincer la peau, ce qui va renforcer notre demande (une „marche au pied", un „assis", un „couché", un „pas sauter", un „pas bouger", un „pas toucher" etc..) ; c'est là que va se jouer l'action, cela rappel le petit coup de croc que donne la maman au chiot pour lui apprendre quelque chose, ou les chiens entre eux pour se faire respecter.
Le collier coulissant est fait de petits maillons; pas très efficace, pas facile d'utilisation; il

ne se met pas dans le même sens selon si l'on veut faire marcher un chien soit à droite, soit à gauche. On le positionne de façon à qu'il coulisse parfaitement du côté où l'on se place.

Il doit être ajusté, on doit pouvoir le passer par la tête et le retirer facilement, le côté de la chaîne que l'on va tirer ne doit pas sortir beaucoup de l'autre anneau (3/4 petits maillons) sinon il agit trop tard par rapport à la demande.

Il est moins efficace s'il est trop fin en épaisseur.

Il est agissant sur les chiens faciles et sensibles.

Il est utile pour un chien peureux qui risquerait de sortir de son collier par peur puisqu'il se resserre si le chien tire dessus. Cela l'empêche de s'en débarrasser.

Quelques chiens sont sensibles de la trachée et tousseront beaucoup, il est alors vivement conseillé de changer de collier.

Le Torquatus: le collier à piquots existe en petite taille pour les petites races ou les chiots et en taille moyenne. Je n'utilise pas la grande taille que je trouve trop lourd et trop encombrant. J'utilise un collier qui s'ouvre par l'arrière avec un mousqueton ou une pince crocodile ce qui le rend plus aisé à mettre et évite que les maillons, à force de s'ouvrir, s'écartent et risquent âe lacher pendant une balade du chien.

C'est un collier mal connu dont les gens ont peur, mais qui très bien utilisé nous est très utile et même indispensable.

Les pics ne sont pas faits pour rentrer dans le cou du chien et le blesser. Il va prendre appui sur son collier comme sur un autre et tirer, cela ne le gênera pas davantage. C'est l'action que l'on va avoir dessus qui va agir sur lui. Il a comme des crocs, ce sont de petits pics qui à l'action de la laisse vont venir se resserrer et le pincer à plusieurs endroits, comme les crocs des chiens entre eux.

C'est pour ca que c'est un collier qui fonctionne bien. Il permet d'agir sur le comportement du général du chien qui va se poser.

On l'appelle aussi collier de force, pour pouvoir se rendre plus fort pour diriger le chien.

Il est très efficace car il permet d'agir sur lui sans rentrer en conflit, sans se fatiguer, et d'avoir énormément de précision.

On le règle pour qu'il soit posé sur le cou du chien comme un collier simple de bas. On doit l'accrocher à l'aide des maillons ou de l'attache à l'arrière s'il en a une, et non le passer par la tête sinon cela veut dire qu'il est réglé trop grand et qu'il ne servira à rien puisque les crocs pinceront dans le vide.

C'est un collier méconnu, mal utilisé et souvent critiqué. Or, je pense qu'il ne doit pas être vendu en libre service, mais sa vente doit être accompagnée d'un guide d'utilisation. En effet, comme tout matériel mal utilisé, il peut blesser.

Ainsi c'est un collier qu'il ne faut pas laisser en permanence sur le chien, sinon il frotte la peau et finit par la percer. C'est pourquoi il a cette réputation d'être dangereux, et ceci sans réel fondement.

Mais même un simple collier porté sans arrêt sur un chien finit par lui frotter les poils et la peau jusqu'à lui laisser une croûte où les poils ne poussent plus.

Il arrive que certains chien, c'est assez rare, y soient très sensibles physiologiquement (comme certains humains sont allergiques à certains produits), leur peau marque facilement. Auquel cas, il convient de le surveiller de très près, de placer des petits caoutchoucs ou utiliser d'autres méthodes, surtout si ils résistent. J'ai rencontré cette sensibilité de la peau sur moins d'un chien par an. Ce sont souvent les chiens qui n'ont pas beaucoup de poils.

L'utilisation se fait par petits à-coups, la laisse ne doit pas être tendue, sinon on ne peut pas agir sur le collier et le chien va tirer dessus.

Sur certains chiens très sensibles, si la laisse reste tendue le collier va tirer et le gêner en permanance ce qui risque de le faire se mettre en auto-défense : il ne va plus vouloir avancer, il va mordre sa laisse, voir être agressif avec son maître. Il signale seulement le désagrément qu'il ressent par ses propres moyens, le maître doit alors doser plus souplement ses actions ; sa main doit être très souple sur la laisse, accompagner et amortir les mouvements du chien ; il doit enrichir l'encadrement verbal et gestuel pour le rassurer et le guider dans la marche à suivre.

C'est que le maître apprend aussi et n'a pas forcément le maniement adapté, d'autant plus si le chien est hypersensible et/ou a du tempérement.

On peut le détendre aussi en associant de la nourriture.

Collier à impulsion électrique à télécommande : je ne l'utilise qu'en dernier recours car d'une part c'est assez cher et d'autre part cela utilise la contrainte d'un accessoire et qu'il est mieux de réussir à faire l'exercice sans, mais dans certains cas quand les autres techniques sont inefficaces:

Je l'utilise sur un rappel au pied lorsque le contrôle est incertain sur un chien très chasseur ou bagarreur, ou simplement très foufou ; ainsi je le mettrai en sécurité pour les sorties à l'extérieur et pourrai maîtriser mon chien et faire son apprentissage.

J'ai eu le cas ou le maître utilisait uniquement ce collier pour tout les ordres car son chien était très réactif au collier avec des picots.

Ce collier fonctionnait très bien sur lui, Il était parfaitement à l'écoute sur tous les ordres de base (en général je ne l'utilise que sur du rappel au pied ou des interdits, pas sur les ordres basiques).

Je le fais tester toujours sur le maître pour qu'il se rende compte de son effet sur le chien, cela produit un petit picoti comme lorsque l'on prend un „petit coup de châtaigne" sur une clôture électrique à vaches. C'est aussi très impressionnant pour le chien car il ne sait pas d'où ça vient...

Collier à impulsion électrique anti aboiement: il peut être utile pour éviter qu'un chien n'aboie lors de l'absence de son maître et pose des problèmes de voisinage. À utiliser après l'avoir habitué avec le collier à télécommande pour pouvoir gérer les impulsions, faire l'apprentissage du chien pour ne pas qu'il soit surpris et panique.

3.3 autres matériels et accessoires

Muselière :j'utilise une muselière panier en plastique grillagée qui permet une ventilation complète; très aérée, très légère, elle laisse au chien la possibilité de boire et de haleter.

On peut aussi utiliser une muselière métallique mais celle ci fait mal quand le chien se cogne ou se frotte sur nous.

Il existe plusieurs tailles en tour et en longueur de museau, il ne faut pas hésiter à en essayer plusieurs avant de trouver celle qui sera la plus adapté.

Je l'utilise même à la place du carcan quand je fais une opération ou un soin à un chien. En effet la muselière est beaucoup plus agréable que le port du carcan, surtout que la plupart du temps les grands chiens ne finissent pas casser les carcans.

Apprendre au chien le port de la muselière permet la sécurité des êtres rencontrés autour que ce soit d'autres humains, des enfants ou de chiens. Cela permet de présenter et de vérifier le comportement du chien sans prendre de risque de morsure et de pouvoir le laisser au contact en lui expliquant ce qu'il a droit de faire ou non.

Perche ou lasso de capture : à utiliser si il y a un risque que le chien charge l'humain, très bien utilisé cela ne pose pas de problème car cela représente juste un moyen de contention. Cela nécessite un apprentissage avec toujours en encadrement une voix douce et avenante, une main souple et ferme.

J'ai appris à mes chiens à être tenus par une perche, je leur ai même appris à mettre eux même la tête dans le lasso et à la retirer en leur disant „tête"

La cravache et la chambrière: ce sont des éléments souples adaptés au contact des animaux

Cravache ou baguette téléscopique „target" : la cravache est intéressante pour prolonger le bras et être très précise pour matérialiser la demande ; si on a un petit chien pour pouvoir l'atteindre plus rapidement pour le désigner et plus facilement car le temps que l'on se baisse il est trop tard, le chien nous file entre les pattes et n'a pas compris nos attentes!

Aussi, surtout lorsqu'on est grand, le chien peut avoir du mal à savoir d'où viennent les informations.

Comme on a vu que le premier travail était d'attirer l'attention du chien sur son maître, il faut aussi lui faire lever la tête pour qu'il nous regarde dans les yeux.

 Plus la différence de taille entre les deux est importante, et plus c'est difficile de s'atteindre, d'où l'intérêt du prolongement du bras.

Elle peut être utilisée lorsque l'on a beaucoup de chiens pour préciser à qui on s'adresse.

Elle peut servir d'indication à distance pour désigner des choses à faire ou à prendre, ou les différentes positions du chien voulus.

La cravache peut aussi le stopper dans ses actions indésirées ou l'apprentissage de certaines actions, toujours dans le but de nous rendre un peu plus fort pour prendre le contrôle, mais évidement sans blesser, en trouvant le juste milieu.

La chambrière: les mêmes utilisations que la cravache mais à distance.

Le laser : utilisé en travail de cible au mordant ou en recherche, il peut servir aussi au particulier dans un but de loisir et de désignation.

Il peut être utilisé pour les handicapés ou les personnes à mobilité réduite pour le rapport d'objet, ou la désignation de certaines tâches, ou l'accompagnement du chien en agility.

Certains chiens sont très sensibles au laser et il est alors aisé de leur apprendre une correspondance de l'action.

Collier à vibration: utile pour les chiens sourds ou aveugles.

Chapitre 4 Exercices et orientation

Il faut l'habituer à tout : balade au milieu de chiens et d'humains, en ville, en gare avec ascensseur et escalator, à la caisse de transport (confinement), chenil, muselière, les manipulations des dents, oreilles, pattes, port de bottines, de lunettes, ouvrir une porte en poussant avec son nez, monter à une échelle, ramper, rouler sur le dos une fois couché et se tourner pour se coucher dans l'autre sens, tenir un objet dans la gueule et le rendre (ramener et donner son jouet par exemple)...

Attention cependant dans certains apprentissages à ne pas déclencher des comportements qui pourraient être indésirables par la suite ; le chien qui ouvre les portes à l'aide de ses pattes sur la poignée risque par la suite de les gratter et de les abimer: le chien qui donne la patte peut frotter les jambes régulièrement, donc salir et faire mal.

À chaque apprentissage et chaque action on déclanche des réactions du chien, qui pourront générer des désagréments par la suite ainsi que des comportements non souhaités.

La marche au pied avec changement de direction brusque, au pas et en courant

Les positions à côté, devant et à distance.

L'immobilité à côté, autour du chien, avec et sans laisse en espaçant de plus en plus le maître et le temps

Rappel au pied, puis rappel au pied avec blocage

Tenir un objet

Exercices difficiles affinant la compréhension et la communication du chien

Plus les exercices et les perturbations sont difficiles, plus le maître est obligé d'agir sur son chien et de s'imposer, plus il aura d'emprise et de contrôle sur lui.

Le faire monter dans une brouette et le pousser, le faire marcher sur divers matériaux : grilles d'aération ou escaliers en grille, sol carrelé, escalator, ascenseur,

À condition d'avoir le bon matériel en main et les bonnes techniques !

Développer l'odorat du chien : à l'aide de trois ou quatre pots lui cacher son jouet ou une friandise s'il n'est pas joueur qu'il devra retrouver grace à son odorat ; on le fera au début à vue, puis à l'insu (voir le chapitre sur la recherche).

4.1 Travail en agility riche en communication avec le chien

Il faut faire d'abord découvrir le parcours en laisse. Entre chaque obstacle reprendre le chien au pied. Moins on lui laisse le temps de réfléchir, plus vite il passera les obstacles sans réfléchir et se faire peur. Il faut être directif, et clair dans le guidage. Aussi ne pas lui couper le chemin, mais le lui désigner avec les mains ; le mettre dans un mouvement dynamique en avant, ne pas chercher la vitesse au début, mais plutôt une direction à laquelle l'ajoutera au fur et à mesure de l'avancée des choses.

On peut utiliser aussi le jouet ou la friandise pour renforcer la motivation, on se sert de ce qui marche facilement. On peut aussi faire passer un chien devant lui, ou bien le maître pour lui montrer le chemin et qu'il n'y a pas de risque.

Pour les sauts, le maître accompagne son chien dans un premier temps ; puis il le fait sauter tout seul en passant à côté. Il ne faut pas s'arrêter devant l'obstacle car le chien aura tendance à suivre son maître et donc à s'arrêter aussi. Il faut toujours lui montrer le chemin, donc je passe de l'autre côté de l'obstacle pour l'attirer. S'il veut me suivre sur le côté, je le bloque en immobilité sur une position et je l'appelle une fois l'obstacle passé, avec un „saute", en le lui désignant avec la main. Ou je tape dans mes mains pour le stimuler, ou je recule pour l'aspirer.

On met les barres d'obstacle en croisillon pour tout petits chiens ou chiots jusqu'à leur 1 an.

Pour le tunnel, la chaussette et le pneu, l'assistant tient le chien et le maître se met de l'autre côté à l'ouverture. On joue avec l'envie qu'il a de rejoindre son maître ; l'assistant lâche le chien qu'une fois qu'il est sûr qu'il va le franchir.

Pour le tunnel, si c'est trop difficile, il faut le raccourcir le plus possible, donner la laisse au maître et une fois que la tête est engagée, le pousser aux fesses et l'envoyer de l'autre côté.

Pour le pneu, le maître doit prendre contact du saut en touchant l'intérieur avec les mains ; ainsi il est très clair sur l'endroit où le chien doit passer et il lui montre qu'il n'y a pas de danger.

Pour la chaussette, on tient la bâche ouverte et on la referme peu à peu au fil des entraînements jusqu'à la laisser au sol et que le chien s'y glisse tout seul.

Pour la passerelle et la bascule : on tient le chien de chaque côté du corps et on le sécurise à l'avant comme à l'arrière. Une main le tenant par le collier et l'autre tapotant sur la passerelle devant lui pour lui montrer le chemin : ou bien une sous le poitrail et une derrière les fesses pour le maintenir et le pousser en avant.

Je peux aussi utiliser mon corps, surtout pour des gros chiens, pour leur faire une barrière de sécurité et de guidage.

Pour la bascule, je stoppe le chien à l'endroit du basculement; j'amortis le mouvement de la balançoire pour que le chien ne prenne pas peur et comprenne le mécanisme de l'appareil, et je l'accompagne jsuqu'au bout sur la descente pour ne pas qu'il saute en cours de chemin (ainsi pour la passerelle).

 Si le chien court de lui même sur la bascule, je cours tout de suite derrière pour le retenir (je peux la contrebalancer à l'arrière) pour qu'il ne se fasse peur au risque de ne plus vouloir y monter.

Ensuite on le sécurise en gardant une main de contact pour le rattraper au cas où il tomberait, jusqu'à être sûr qu'il maîtrise l'exercice.

Le slalom est l'obstacle le plus difficile car le plus abstrait. Mais comme les exercices difficiles, il permet de monter d'un niveau dans la communi-cation.

Je me place devant le chien, à droite ou à gauche du slalom, mais lui rentre toujours par la droite. Je le tiens en laisse avec une main, le plus court possible mais souplement, et, avec l'autre main je lui montre le chemin : „passe" et „viens". Je l'installe dans un mouvement en avant, je me sers de ma jambe pour bloquer une porte sur deux, quand il doit passer de l'autre côté.

Pour comprendre, le chien doit faire tout seul le mouvement de la tête pour slalomer.

Au fur et à mesure je retire la laisse et je m'éloigne.

On peut aussi se servir d'un slalom avec un gril-lage placé de par et autre des batons de manière à ce que le chien fasse l'exercice tout seul.

Lorsque le chien a intégré tous les obstacles, on passe au travail sans laisse avec un parcours faci-le avec des enchaînement sur des lignes droites. On fait des passages seuls puis on complique en faisant passer des maîtres et leurs chiens (4max) en même temps sur des lignes d'obstacles.

Puis on passe à des parcours plus difficles avec un suivi de numéros où on commencera à tra-vailler sur les placements du maître.

Le maître ne doit pas gêner son chien, il doit pouvoir gérer une situation tout en le gardant sous son contrôle, il doit donc toujours l'avoir à l'oeil, il apprend à être réactif et cohérent dans son guidage.

Par la suite on travaille sur des ateliers sur un parcours donné. On y peaufine l'enchaînement de 3 ou 4 obstacles qui présentent des difficultés techniques de passage, à la suite de plusieurs chiens et leurs maîtres.

L'agility est très riche en communication avec le chien, et permet de prendre des automatismes pour pouvoir le gérer dans la vie de tous les jours, aussi bien à la maison qu'à l'extérieur.

Il permet de savoir comment s'adapter aux diverses situations rapidement sans prendre de risques. Il offre la possibilité de faire manipuler le chien par son maître aussi bien que par une autre personne étrangère (travail sur la sociabilité).

Il permet d'apprendre au maître comment accompagner un chien face à un obstacle ou une difficulté en le sécurisant psychologiquement et physiquement, et à avoir des gestes sûrs pour le sécuriser.

Il permet un travail autre que de l'obéissance pure sur le terrain où parfois le chien fait des blocages. Dans ce cas je travaille beaucoup en agility dès que le chien bloque trop en obéissance pure, ce qui permet de le mettre en mouvement et d'en avoir le contrôle autrement, sans qu'il n'entre en résistance.

Cela permettra de revenir sur les exercices de bases plus facilement.

L'agility assouplit le chien et lui propose une approche plus ludique car dans le mouvement.

4.2 Le travail du chien à domicile

Lorsque le chien a compris les exercices et les méthodes, notamment la méthode à distance, on peut appliquer et mettre en pratique les exercices à la maison. Il faut y faire un transfert sur le chien et sur les maîtres!

Le chien doit comprendre que même à l'extérieur, il doit écouter et les maîtres doivent comprendre que si ils veulent que leur chien les écoute, il faut utiliser les mêmes méthodes à la maison.

À la maison, on travaillera principalement sans collier avec la méthode à distance et l'envoi du petit chainette.

On vérifiera que le chien ne saute pas sur les gens, qu'il respecte bien le passage des portes et des portails.

Pour ce faire, j'applique ma méthode du blocage à distance. Je me positionne en dehors de la pièce ou du jardin avec les portes ouvertes et au moment ou mon chien veut sortir, j'envoie l'objet à la délimitation de la porte pour matérialiser celle ci avec un „non, tu rentres" par exemple.

Je ne dis pas qu'il faille laisser ouvert le portail sans risquer qu'il parte, mais au moins pouvoir le maîtriser à l'ouverture des portes ou si elles s'ouvrent accidentellement que le chien sache ce qu'il a le droit de faire ou non.

On peut aussi travailler sur l'interdiction de monter les escaliers ou sur les fauteuils de la même façon avec un „descend"
On peut, en envoyant l'objet depuis une fenêtre:
- lui interdire de gratter à la porte ou aux vitres
- lui apprendre à arrêter d'aboyer au grillage
- lui interdire de faire des trous ou d'abimer des plantes

Ainsi on lui signale que même si on n'est pas présent il ne peut pas faire ce qu'il veut puisqu'on peut apparaître à n'importe quel moment !

On peut se cacher dans la maison et apparaître pour le prendre sur le fait quand il occasionne des dégats en marquant l'interdiction de l'envoi de l'objet sur les fesses.

S'il continue à faire des dégats malgré tous ces exercices, on peut utiliser une caméra de contrôle et le   le collier à impulsion électique pour pouvoir imposer les interdits même lorqu'on n'est pas là.

Un chien qui ne veut pas monter en voiture ou qui en à peur : le maître monte avant pour l'inciter à venir, même dans le coffre.
On peut tenir le chien en laisse et lui laisser voir partir son maître sans lui, il risque de sauter dedans dès que son maître revient.

3ème Partie : *Chien de travail, en recherche, garde et défense*

Chapitre 1 : choix du chien de travail

Ce doit être un chien qui peut passer partout donc il doit avoir un physique léger, s'inscrire dans un carré, c'est-à-dire avoir une hauteur égale à sa longueur de corps pour avoir une mobilité parfaite; facile, rustique qui écarte toutes les prédispositions à d'éventuelles pathologies maladives : un nez long pour une respiration efficace, des oreilles droites pour éviter les otites,
un fouet long pour l'équilibre naturel du chien... avec du poil pour se protéger des intempéries et des éventuelles blessures, silencieux, stable, confiant et réactif.

Le chien devra rencontrer un maximum de personnes et d'animaux, ainsi qu'évoluer et e^tre à l'aise dans un maximum d'environnements différents possibles et s'acclimater aux divers bruits.

Il doit être sociable avec les humains et les animaux, à l'aise dans tous les contextes et sur toutes les surfaces possibles

On doit le laisser grandir au contact des humains pour qu'il n'en ai pas peur. Si il n'avait pas cette expérience, il aurait peur des hommes et n'oserait pas venir au contact de ces derniers ou ne saurait pas comment les aborder. Il deviendrait un chien qui mord par derrière ou mord par peur, ce qui donnerait un chien instable et peu efficace.

Comme les humains, ce n'est pas inné de se défendre et pour savoir comment se positionner et ne pas avoir peur d'aller au contact pour se défendre, les humains prennent des cours de défense ou de combat.

On apprendra au chien ce qu'il doit faire en cas d'intrusion ou d'agression d'un individu. La garde et la défense ne sont pas innés pour tous.

Il doit être joueur ; on l'y entraînera avec un petit boudin en tissu ; son mordant doit être ferme, verrouillé, stable, en pleine gueule.

.

L'avantage de prendre un jeune chien ou un adulte plutôt que de prendre un chiot, à moins de connaître très bien les parents, est que l'on connaît son tempérament et son gabarit final; cela permet de le choisir adapté au maître, à ses besoins et à son cadre de vie (famille, autres animaux, expérience du maître).

Pour ma part je cherche un chien dont le corps est assez court pour être agile et grimper partout, ne dépassant pas les 30kg, avec un tempérament relativement sociable envers ses congénères et les humains, en tout cas gérable ; il doit être vif mais pas nerveux, auquel cas on essaiera au maximum de le stabiliser. Il doit avoir du poil pour le protéger des intempéries et des éventuelles griffures extérieures.

Dans le mordant il sera silencieux, vif mais posé c'est-à-dire qu'il fixe le costume et une fois en prise, il referme la gueule sur le vêtement avec un maximum de prise en bouche. Il ne bouge plus même si sa victime ne bouge pas ; ainsi cette attitude permet une concentration au maximum du chien sur l'adversaire, la situation et l'environnement. Il garde son énergie sur sa défense au lieu de l'éparpiller à aboyer et à s'exciter et donc à se fatiguer. De plus, cela est plus reposant pour l'entourage. Eventuellement, on pourra lui apprendre à aboyer sur déclenchement.

Le chien n'est pas moins dissuasif lorsqu'il n'aboie pas sur l'adversaire et de plus il garde son énergie pour quand il passera à l'action. Par contre cela peut être utile pour prévenir l'adversaire éventuel de notre présence. Dans d'autres occasions, au contraire, il sera plus efficace si il arrive par surprise. Alors, il vaut mieux avoir un chien silencieux. L'effet de surprise peut déstabiliser l'adversaire et l'empêcher d'avoir le temps d'être réactif.

On doit prendre en compte le cadre de vie du chien, mais il ne faut pas oublier qu'il reste un chien de travail avant tout. Il en va de sa sécurité et de celle de son maître lorsqu'ils iront sur le terrain ; en effet il vaut mieux être accompagné par un chien sûr, donc avec du tempérament et plus celui-ci est élevé, plus il reste délicat à intégrer dans une vie de famille. En effet, il convient de savoir gérer un tel chien, ce qui n'est pas forcément à la portée de n'importe qui. En règle générale, plus il y a de mouvements et plus il peut avoir des excitations incontrôlées et donc des dérapages de la part du chien.

Il faut alors prévoir de le faire vivre en dehors d'un cadre familial.

Si j'ai affaire à un jeune chien ou à un adulte pour l'utiliser en chien de travail, et s'il n'a jamais pratiqué la discipline du mordant, je le testerai simplement au boudin et n'essaierai pas sur un élément à même le corps (costume, manchette...). La qualité du mordant et la vivacité du chien en eux même suffiront, ainsi que la persévérance et la ténacité ; ainsi je ne prendrai pas le risque de déclencher une autorisation de mordre l'humain sur un chien qui n'aura peut être pas cette fonction par la suite et qui risque d'être nuisible à sa destinée ; par exemple, s'il devient chien de famille ou chien de recherche de produits, cette attitude pourrait entraver son travail de base.

Chaque action que nous mettons sur un chien déclenche des réactions de sa part, que ce soit dans le sens recherché ou non.

Le chien se retrouve dans un schéma type qui déclenche des comportements appris.

On venait d'apprendre à Falco, un berger belge malinois de 1 an de gros gabarit et avec fort tempérament, à mordre sur une manchette en déconditionnement (une manchette très fine donc peu perceptive sous un blouson, ce qui se rapproche d'un individu en civil). Le lendemain je le sors pour l'emmener au parc, il s'excite en voyant un autre chien, je le tire vers moi et dans son retour il se retrouve nez à nez avec ma manche qui ce jour là était un blouson large de pluie et qui ressemblait au blouson qu'on avait mis pour le mordant en civil ; Falco était dans un bon contact avec moi, mais, se retrouvant devant un schéma qu'il venait d'apprendre, dans l'élan il m'a saisi le blouson et ne voulait plus le lâcher. Heureusement celui-ci étant large, je n'étais pas touchée, j'ai défait mon blouson, le chien mordant dans la manche et l'ai ainsi emmené au parc. C'était un chien que j'avais tout juste en main, je préférais ne pas rentrer en autorité, n'étant pas sûr d'avoir le dessus vu le gabarit et le caractère et n'ayant rien sous la main pour le repousser.

Je n'aurai dû lui montrer le déconditionnement qu'une fois bien pris en main, ce travail ayant peut être été abordé trop tôt.

Chapitre 2: Préparer un chien de défense

2.1 Débourrage ou initiation

Le débourrage au chiffon, au boudin: il doit être joueur avant tout, avoir envie de saisir son jouet et de ne pas le lâcher dans n'importe quel environnement ; une des premières qualités du chien dans cet discipline.

Ne pas énerver les chiens, mais en choisir un qu'il n'y a pas besoin d'exciter et qui le sera très bien tout seul naturellement. Il doit être dans l'envie d'aller vers ce qu'on lui propose.

Le chien doit être équipé d'un harnais pour être libre de ses mouvements. La laisse sera de 1 à 2m.

Une fois que le chien est bien habitué à jouer avec son jouet, le maître le tiendra en laisse en point fixe, c'est à dire qu'il ne bougera pas et laissera son chien tirer en bout de laisse.

Ainsi l'assistant peut se positionner pour son travail sans prendre le risque de se faire mordre puisque le chien est maintenu dans un périmètre et l'assistant peut y ajuster ses gestes. En effet, par inadvertance et/ou dans l'excitation le chien pourrait mordre l'assistant au lieu de son boudin.

L'assistant vient jouer avec le chien. Il le fait mordre dans l'objet prévu à cet effet (toile de jute, cuir velours), puis dans un plus grand boudin (30 à 50cm) dont l'épaisseur variera en fonction de la taille et de la qualité du mordant du chien.

La laisse doit toujours être tendue. Le maître tiend la poignée dans une main et la laisse dans l'autre afin de la faire coulisser pour suivre les mouvements du chien, selon qu'il se rapproche ou s'éloigne.

Il plie légèrement les genoux afin d'avoir un appui stable pour faire le contrepoids à l'animal qui tire sur la laisse, afin de ne pas se laisser embarquer et amortir les à-coups.

En effet, le maître ne doit pas gêner son chien dans ses mouvements et celui ci doit toujours le sentir en contact, présent derrière lui.

Il l'encourage d'une voix rassurante „nom du chien, attaque", „oui, c'est bien", „allez, allez!"

Il viend le caresser pendant son mordant en remontant sur la laisse et en la gardant tendue; il le prend au harnais et le soulève, et repart en bout. Le chien devant s'habituer à ne pas lâcher prise lors des divers mouvements de son maître dans le mordant.

L'assistant fait des passages avec le boudin en va et vient de droite à gauche en le tenant d'une main, il essaye de le présenter le mieux possible pour que le chien puisse le saisir et, au moment ou il l'attrape, il le lui présente en le tenant des deux mains pour le centrer et exercer une tension en tirant dessus pour que le chien ne le lâche pas au risque de se le faire „voler".

Il le travaille en remuant le boudin de droite à gauche et de haut en bas. Il peut le lever un peu du sol si les dents de lait ont toutes fini de tomber.

Si le chien n'ose pas attraper le jouet, on essaie de le faire traîner devant lui attaché au bout

126

d'une laisse. Cela peut lui éveiller des instincts de proie et lui donner envie de s'en emparer.

2   Passage au costume

Il habitue le chien à divers mouvement : passer sa jambe au dessus de lui, lui cacher les yeux, le caresser partout, le soulever par le corps ou le harnais, lui donner des ordres, le réprimander etc...

Il l'habitue à tenir le jouet sans lâcher, en passant au dessus de divers obstacles et divers matériaux (planche de bois, ferraille, dans l'eau, sur des surfaces glissantes type carrelage, sur des grilles etc...)

On l'habitue à ces exercices à l'extérieur mais aussi à l'inrérieur des batiments, de jour comme de nuit.

Puis du boudin on passe au pantalon dont on pourra présenter la jambière seule sans l'enfiler, puis la veste.

Ainsi le chien saura mordre sur le costume en bas et en haut; il est plus facile de lui apprendre les deux en allant du bas vers le haut.

Cet apprentissage permet d'intervenir dans n'importe quelle configuration de positionnement de l'adversaire.

Avec le travail au boudin, on le laisse toujours gagnant, c'est à dire qu'on le laisse repartir avec, et surtout dans sa dernière prise.

Ensuite quand on passe au costume, soit on le laisse aussi gagnant en enlevant le pantalon (il y a des jambières qui s'enlèvent facilement car prévues à cet effet) soit la veste et en lui laissant les emporter.

3 utilisation des artifices

Il utilise des accessoires pour l'admonester : la menace au bâton se fait d'abord en gesticulant avec le bâton pendant le mordant à côté du chien et au sol (bâton type ring en bambou fendu et qui fait du bruit, ou au début un bâton type rci souple en velours pour un chien sensible) puis au contact de la laisse pour finir au contact de son corps, en caresse sur la tête et les pattes, en caresse et en tapotements sur les flancs, puis en intimidations et en menaces.

On utilise ensuite tout type d'accessoires (non blessants) pour le menacer afin de l'habituer à passer les divers obstacles qui pourraient l'arrêter (type mondioring ou campagne).

On l'habitue aux coups de feu en utilisant un petit calibre (6mm), voire des pistolets à pétard pour passer à un plus gros calibre (9mm) en tirant d'abord au loin, puis en rapprochant les tirs de plus en plus près, jusqu'à que ce soit l'assistant qui l'ait en main pour le tir pendant le mordant.

Attention aux grosses détonations comme les feux d'artifice ou les tirs des chasseurs, il faut éviter d'emmener le chien trop près au risque qu'il prenne peur définitivement du coup de feu et qu'il fuit et stresse à la moindre détonation. Celles-ci sont difficilement compréhensibles par le chien loin de sa faculté de comprendre notre monde.

Un coup de bâton mal placé sur par un assistant inexpérimenté pourra donner des peurs de la menace de cet objet au chien, qui le marqueront à vie.

Ainsi les chiens apprennent à s'habituer aux menaces et bruits en partie grâce à la motivation et à l'excitation du mordant qu'ils affectionnent en particulier.

À noter qu'un chien peut très vite être „cassé" si on ne fait pas attention à son naturel de fond, si on veut aller trop vite ou trop fort dans l'apprentissage; c'est un apprentissage et ce n'est pas inné, ni naturel pour le chien.

Il faut l'y préparer seulement si son tempérement s'y prête bien.

3 Défense du maître avec lancé du chien

On commence alors à faire des envois de défense à l'attaque en tenant le chien par le harnais ; le maître éveille son attention et le lâche en lui disant „nom du chien, attaque".

On laisse la laisse attachée sur le harnais et traîner au sol au départ pour pouvoir le récupérer plus rapidement, puis après, on pourra la détacher complétement pour l'envoi à l'attaque.

Dès que le chien avance vers l'assistant, le maître court derrière lui pour pouvoir le rattacher, le contrôler avec la tenu en laisse et pouvoir intervenir rapidement: soit pour le travailler dans la prise, soit pour le faire cesser.

On ajoute au fur et à mesure des obstacles sur le passage, des recherches de l'assistant, des scénarios avec plusieurs assistants, homme d'attaque etc...

4 la cessation

Il est préférable de le faire cesser de façon naturelle à l'étouffé, ainsi on ne met pas trop de contrainte dans l'exercice, ce qui pourrait restreindre un peu ses capacités. La contrainte écrase un peu le chien, alors que pour travailler, et en particuliers pour exercer le „mordant", il faut de l'assurance et du tempérement pour affronter l'adversité. De plus, à la contrainte le chien peut dans l'excitation se retourner contre le maître et le mordre.

Même si on fait cesser son chien à la voix, Il faut savoir aussi le faire cesser à l'etouffé; c'est une manipulation qu'il faut connaître dans les gestes de sécurité et encore plus avec un chien qui pratique la discipline de mordant; sans compter que dans un cas réel, le chien sera excité par la vrai morsure dans de la chair et il ne voudra peut être pas lâcher sa prise auquel cas on ne pourra intervenir que de cette façon là.

On peut aussi lui glisser une tige dans le coin de la gueule pour le gêner et naturellement le faire lâcher sa prise.

Ceci est la base de tout travail des chiens au mordant, qu'ils soient orientés aux concours ou en travail d'intervention aux côtés des forces de l'ordre ou de sécurité privée.

L'activité du mordant est soumis à une réglementation qui stipule que les chiens de particuliers ont le droit de faire cette discipline s'ils s'inscrivent dans la liste des races canines qui possèdent un certificat de naissance et autorisées à cet effet, donnée par de la Société Centrale Canine.

Les maîtres-chiens qui travaillent en sécurité privée peuvent pratiquer cette discipline sous présentation de leur carte de travail professionnelle et celle du chien. Bien que les races avec ou sans certificats de naissance y soient moins limitatives, pour une bonne qualité de travail, les bergers Allemands et Malinois sont préconisés et utilisés de par leur capacité plus adaptées: endurance, vivacité, présentation etc…

L'activité du mordant et la possession de matériel destiné à cet effet est autorisée uniquement aux titulaires du certificat de capacité de dressage des chiens au mordant.

Je ne sais pas si d'un point de vue éthique il est bien ou non de développer cet instinct et cette utilisation du chien au sein des forces de l'ordre et de sécurité ; le port des muselières de frappe est aussi controversé, il évite en effet la morsure mais son entraînement reste difficile à mettre en place d'un point de vue physiologique puisque aujourd'hui les méthodes utilisées sont : soit des impacts sur un casque porté par l'entraîneur, ce qui d'une part fait viser le chien à la tête, avec un danger évident pour les cervicales et le cerveau (voir les conséquences des impacts des coups sur le cerveau en boxe professionnelle), soit des impacts sur un plastron porté sur le thorax de l'entraîneur, ce qui occasionne des coups sur les cervicales et les dents du chien...

La défense avec la muselière de frappe doit rester une ouverture pour le chien, on doit la préparer régulièrement mais pas intensivement ; les gendarmes et les forces de l'ordre aux états unis et peut être dans d'autres états se servent des chiens sans muselières, ce qui répond plus aux critères naturels de l'animal.

On utilise le chien à ses dépens puisqu'il n'a pas conscience de ce qu'il fait, ni des risques encourus au fin d'utilisation de la société, et ce d'une façon qui n'est pas naturelle puisqu'il ne défend même plus un territoire, ni vraiment „sa meute" puisqu'il y a des chiens qui changent régulièrement de maître, ou que celui-ci n'a pas connaissance et n'a donc pas installée une vrai relation avec son chien.

Quand les chiens sont dressés en bête de guerre – même si certains sont génétiquement très durs à gérer socialement, ils ne seront pas plus opérationnels, car leur fonctionnement repose sur un état de vie chaotique loin de leurs besoins d'êtres vivants et sensibles.

L'équipe homme chien ne peut fonctionner, et être efficace que s'ils sont en totale confiance et en bien être.

En tout état de cause il faut être rigoureux dans l'encadrement et la gestion de cette activité, que ce soit pour le formateur ou l'utilisateur, en respectant les conditions de détention, de vie et d'utilisation du chien dans ses besoins physiologiques et psychologiques et le traiter comme un être vivant sensible ayant besoin d'espace pour se détendre, se mouvoir, et de contact agréable avec ses proches, les humains et d'autres chiens pour son équilibre.

Chapitre 3: Préparer un Chien de recherche

L'activité de chien de recherche est très instructive puisqu'elle consiste à utiliser et à développer ses capacités naturelles ; elle est très agréable pour le maître et le chien puisqu'il n'y a pas de grosse contrainte pour ce dernier et qu'elle le fait évoluer dans un cadre et une discipline naturelle.

On peut s'apercevoir du potentiel énorme de son flair - à l'instar de toute la faune en général, comparé au notre, qui pourtant a les mêmes capacités à l' origine, mais car non utilisé, s'est amoindri - et de l'efficacité et de l'importance de son utilisation chez le chien pour l'homme.

3.1 recherche de piste /Personnes égarées

Toute race de chien peut s'inscrire dans cette discipline et s'y divertir, et pour les plus passionnés pourront passer des épreuves au sein de la Société centrale canine.

On travaille un chien en recherche sur une piste, soit pour retrouver une personne égarée, soit pour retrouver un individu en fuite.

Pour initier un chien en recherche, on va vérifier son intérêt et sa motivation à l'exercice. On essaiera de l'intéresser avec son jouet, sinon avec de la nourriture. C'est plus facile pour démarrer une piste, pour vérifier sa motivation, et pour expliquer le travail, surtout si on n'est que deux.

Si le chien n'est ni motivé par le jouet, ni par la nourriture, je l'envoie directement sur la recherche de son maître, ce qui provoque un gros intérêt.

Le chien doit être attentif à ce que le pisteur lui montre et doit avoir envie de le rejoindre.

Les paramètres cités ci après sont importants car ils favorisent la tenue des odeurs sur le sol ou sur les objets. Ainsi la nature du terrain, le temps en contact avec l'humain ou de l'objet avec le lieu ou le sol, la température, la météo, la durée du tracé de la piste et la durée du départ de l'exercice sur la piste après qu'elle ait été tracée...

On se sert de piquets de repère, une dizaine sont en général suffisants pour initier un chien. En effet, pour désigner la piste et pour apprendre au chien, on doit être sûr de ce qu'on lui montre, les repères sont très importants.

Le chien est équipé d'un harnais, puis d'un harnais de pistage s'il s'y investit ; on commence avec une laisse de 1 à 2m, puis on passe à la longe de 10m quand on évoluera sur les pistes de plus de 50m.

L'évolution des séances détaillées ci dessous sont à appliquer selon les capacités du chien ; selon ce qu'il nous montre, nous pourrons accélerer ou renforcer les étapes décrites.

1 Initiation au pistage

On commence sur de l'herbe rase de préférence; le maître ou l'éducateur canin si le chien le connait bien, trace une piste de quelques mètres pour débuter dans de l'herbe pas trop haute, dans la fraicheur du matin avec de la rosée.

Il montre le jouet au chien et joue avec lui, puis part tracer la piste.

Au début de celle-ci, il marque fort le départ en frottant ses pieds et trace ce qu'on appelle un paillasson pour bien en marquer le début. Il s'éloigne en trainant bien les pieds, en motivant régulièrement le chien, en faisant semblant de poser le jouet au sol.

Arrivé à quelques mètres (selon la maturité du chien et l'intérêt qu'il montre), il dépose le jouet au sol en le cachant dans l'herbe (ou avec de l'herbe dessus) afin que le chien ne le voit pas. Sinon il cherchera à vue et il ne se servira pas de son nez. Il revient par la même piste en traînant des pieds.

À son retour il repiétine le paillasson, montre au chien qu'il n'a plus rien dans les mains.

À ce moment là, le maître commence avec son chien. Il le tient très près afin de bien le contrôler et de le canaliser sur la piste.

Il le guide d'une main et lui montre le sol de l'autre, en lui demandant „cherche" et tout le long de la piste, il lui répète : „ta piste". Le maître doit aider un peu son chien en avançant et lui montrer régulièrement avec la main le sol marqué.

Dès que le chien met son nez au sol sur la piste, le maître valide „oui, bien, ta piste" et il le suit. Dès que le chien lève son nez ou sort de la piste, le maître s'arrête et le bloque jusqu'à ce que celui-ci repose bien son nez au sol et avance en la suivant.

Le maître peut aussi renifler lorsqu'il demande à son chien „cherche" pour lui faire mieux comprendre l'action de flairer.

Lorsque le chien arrive au bout de la piste, on s'arrête en fin même s'il dépasse et on insiste sur l'objet à chercher au bout : „cherche ton jouet" jusqu'à ce qu'il le trouve. On le félicite fort à cette découverte et on joue avec lui.

Le maître ne doit pas gêner l'évolution de son chien, il gardera une voix douce mais ferme et devra lire au mieux ses attitudes pour savoir si il est sur la piste ou bien s'il s'est égaré sur une autre (passage d'autres humains ou d'autres animaux) ou s'il s'est perdu (décroche et se balade). Il pourra en observant le port de son fouet, par la rapidité de ses allures et la fixation du nez au sol ou non, savoir s'il doit le suivre ou le bloquer et le réorienter.

 Il devra lui faire confiance et ne pas le gêner dans ses prises de décision au risque de lui mettre le doute et le pousser sur de mauvaises pistes. Pour ce faire, il sera souple dans la tenue de sa longe, sans donner d'à-coup et vérifiera que la longe ne vient pas s'emmêler dans les pattes du chien ou sur un obstacle potentiel.

La longe doit toujours être tendue, laisser le chien en portée de 5 à 8 m selon la praticabilité du terrain; Elle sera maintenue en l'air si le chien est pris de doute sur la direction à prendre: il va alors tourner en rond sur les directions possibles et le maître suivra les mouvements de son chien avec le bras en l'air afin de faire tourner la longe autour de lui pour ne pas le gêner.

2 Évolution des séances :

On peut faire 3-4 pistes sur 2 / 3 séances.

Séances 4 à 6 :

On commence à faire une piste avec un virage ouvert à droite, puis avec un autre ouvert à gauche (en arc de cercle).

Les virages pourront au fur et à mesure de l'apprentissage se resserrer pour arriver à des courbes en angle droit, puis en angle fermé. Ces angles sont plus durs car le chien qui suit une ligne droite a l'odeur dans le nez et peut ne pas s'apercevoir que la piste a bifurqué et va continuer quelques mètres en ligne droite.

Avec l'expérience, il va détecter rapidement le virage en suivant la trace au plus près sur la source de l'odeur, là ou elle est la plus forte.

Pour aider dans les changements de direction, on marquera bien ceux ci en frottant fort les pieds.

On agrandit les pistes au fur et à mesure des capacités du chien.

Séances 6 à 10 : on passe à des pistes de 10 à 50 mètres, le maître se cachant au bout, avec dans le tracé un virage ouvert à droite et un autre ouvert à gauche.

Lorsque le maître se dissimule, il ne trace la piste qu'à l'aller, il se tapit au bout de façon à ne pas être vu.

Il peut se mettre dans un fourré, dans un fossé, derrière un arbre, un rocher ou tout volume pouvant le cacher. Il ne fait plus aucun bruit jusqu'à ce que le chien vienne en contact franc sur lui et prévenir de la réussite de sa détection (aboyer, lui faire la fête, faire des aller retour entre le maître guideur et la personne trouvée...)

Il doit montrer une réaction vive et enjouée pour désigner au maître qu'il a trouvé.

Séances 10 à 20: de 50 à 100 mètres de piste, on peut marcher sur l'herbe et sur de la terre, on peut travailler par temps.

On commence à mettre quelques objets (5/6) à trouver sur la piste (pour la désignation d'objets utiliser la méthode du premier exercice pour la recherce de matière).

Les objets peuvent dans une situation réelle donner des indications sur la piste à suivre de la personne recherchée.

Séances 20 et plus:
On agrandit la piste jusque 1km pour un brevet.

On peut retirer les piquets. On commence à faire des pistes sur d'autres personnes, connues puis inconnues du chien.

Elle peut être démarrée jusqu'à une heure après avoir été tracée.

On peut faire des traversées de chemin, puis de route.

4 l'objet de référence

Le traceur laisse au maître, dans un sac, un vêtement qu'il aura porté pour laisser au chien une odeur de référence pour savoir reconnaître la piste recherchée.

Le maître présente alors le sac ouvert à son chien pour que celui ci vienne le flairer au départ de l'itinéraire ou du lieu d'où le traceur est parti.

En effet, le départ de piste peut être connu au début de l'apprentissage, soit par un marquage, soit par un vêtement laissé au sol; par la suite il ne sera plus marqué. On désignera juste une surface de départ dans laquelle le chien devra trouver par lui même l'amorce de la piste.

.

3.2 recherche de matières

Toute chien peut se prêter à cette discipline ; pour des raisons pratiques, on peut utiliser des petites races qui feront aussi bien le travail et auront l'avantage de pouvoir se faufiler partout et de ne pas être encombrants, voire faire moins peur dans des lieux ou il y a du public.

On pratique souvent avec des bergers Malinois qui sont bien adaptés.

Souvent utilisés principalement par les forces de l'ordre ou les organismes privés dédiés à la sécurité privée, la recherche de matières peut être utilisée sur des stupéfiants, billets, explosifs, armes et munitions, cadavres... Aujourd'hui, on étend cette méthode à la recherche de maladies, de nuisibles (punaises de lit) etc.... sans oublier pour les simples particuliers l'aide à la découverte des truffes!

La recherche de personne sous décombres ou sous avalanche utilise la même procédure puisqu'il n'y a pas de piste de départ.

On équipe le chien d'un harnais et d'une laisse entre 1 et 2m;

Le but est de faire chercher son jouet au chien (souvent un petit boudin de rappel) grâce à son flair. On n'utilise pas de nourriture car cela pourrait induire le chien en erreur sur sa quête qui est bien spécifique : il risquerait de marquer de la nourriture par la suite.

1 initiation au „flairage"

On utilise quelques pots (3 à 5) qu'on retourne au sol (plot de chantier, etc.) Selon les plots, on peut travailler en se servant du trou situé en haut à l'extrémité ; dans ce cas, le chien ira chercher l'odeur par le haut. Si il n'y en a pas, dans ce cas le chien ira chercher l'odeur à la base ce qui est mieux si on veut le faire gratter.
On les espace d'au moins 50cm à 1m.

Les premières séances se font à vue. Le maître tient son chien à quelques mètres des plots et le laisse s'exciter un peu en l'encourageant: „tu va chercher, cherche ton jouet etc…"
L'assistant va jouer un peu avec l'objet et le chien, puis va se positionner de dos et aller de pot en pot en commençant par le premier, et ce toujours dans le même ordre. On essaie d'être très structuré dans sa recherche pour être sûr de ne pas oublié de zone.

Il va toucher et soulever chaque pot en stimulant régulièrement le chien, en l'appelant et en lui montrant son jouet „où il est ton jouet ? Cherche ton jouet". Ainsi il laisse son odeur sur chaque pot pour être sur que le chien va bien chercher son odeur et non celle de l'assistant.

Il fait mine de le cacher à chaque fois jusqu'au dernier et va le laisser sous un des pots. Quand il a fini de passer tous les pots, Il se retourne et montre ses mains vides au chien en lui disant : „où est ton jouet? Cherche ton jouet!"

Le maître s'approche en tenant très court son chien d'une main afin de pouvoir le guider. Il va vers les pots et de l'autre main les lui désigne un par un en lui répétant les demandes: „cherche, cherche ton jouet". On peut aussi soi même renifler pour lui bien faire comprendre.

Le maître se place un peu en avant du chien afin de contrôler son allure qui ne doit pas être trop rapide pour être sûr de ne pas rater une zone. Il doit être habitué à conduire à deux mains (à droite et à gauche).

Le maître ne s'attarde pas sur le pot, si le chien ne montre rien il passe alors au suivant.

Il maintient le chien de façon à ce que celui-ci ne renverse pas les pots sinon il prendra cette habitude et ne cherchera plus au flair, mais à vue et il ne comprendra pas l'exercice.

On met le pied sur les pots pour éviter que le chien ne puisse les retourner.

Quand le chien montre un intérêt au pot, le maître lui demande: „il y a quelque chose là? Montre". Le chien peut s'exciter, pousser du nez, renifler bruyamment, gratter avec ses pattes... Dès le premier signe de désignation, on soulève le pot, on le laisse prendre le jouet, on joue avec et on le félicite fort.

Si le chien montre de l'intérêt sur un pot alors qu'il n'y a rien, on soulève l'objet et on le secoue un peu, et on lui signale : „non il n'y a rien là !" et on le relance de suite sur le suivant.

Lorsqu'il a compris, on refait les mêmes exercices en les faisant évoluer.

le maître va se positionner de façon à ce que son chien ne puisse pas voir la mise en œuvre de l'exercice (à l'insu).

Pour le marquage quand le chien montre qu'il a trouvé, on utilise soit:
- le marquage passif : le chien s'assoit ou se couche, il peut désigner en orientant et en po-

sant son nez vers la source ; marquage obligatoire sur des matières délicates comme l'explosif.

- soit le marquage actif: le chien gratte, aboie sur la découverte d'un individu.

Bien que cela produise un effet motivant sur le chien lié à l'excitation, on utilise de moins en moins le marquage actif avec le grattage des pattes car cela occasionne des dégats matériels, voire des blessures sur l'humain.

Au début on laisse le maître voir où est caché le jouet et au fur et à mesure on ne lui dit plus. En effet le maître connaissant la planque peut inconsciemment orienter son chien et lepousser à l'objet, alors que cette tâche n' appartient exclusivement qu'au chien puisqu'il n'y a que lui qui peut exécuter ce travail. Il doit donc être autonome et indépendant, même si le maître le guide régulièrement pour lui expliquer d'une façon claire ce que l'on attend de lui.

On l'oriente parfois si on voit que cela est trop dur pour lui, ou on lui laisse un peu de temps pour persévérer, ce qui est très formateur.

Les recherches s'effectuent en laisse, mais on peut laisser pratiquer une première investigation en libre selon la configuration du lieu d'intervention et reprendre ensuite pour être sûr de n'être passé à côté d'aucune zone inexplorée.

1 association des odeurs

On peut alors y associer les odeurs des matières que l'on veut chercher, une par une (une fois qu'une est bien intégrée on peut travailler sur la suivante).

Pour les associer, on cache le jouet avec la matière à côté mise dans un sachet propre et de préférence sans odeur particulière (sachet zip lavé à l'eau).

Le sachet sera glissé dans un autre réceptacle pour ne pas prendre d'autres odeurs parasites du lieu de la planque utilisée (par exemple une enveloppe) qu'on changera à chaque fois après utilisation.

Ainsi le chien en cherchant l'odeur de son jouet va y associer l'odeur de la matière cherchée. Une fois intégrée, on ne cache que la matière dans son sachet et à sa découverte on jette le jouet du chien à ce même endroit comme si le jouet y était caché. On aura pris soin de le garder caché sur nous et à portée de main pour être rapide afin que le chien ne le cherche pas sur son maître au risque qu'il ne se désintéresse de sa quête.

Mais en général, le chien associe quand même le fait de jouer avec la découverte de la source de l'odeur et cela crée un nouveau schéma type ou automatisme en lui. Cet apprentissage d'un certain exercice bien spécifique lui fait comprendre que c'est à la découverte de l'odeur et lorsqu'il l'aura désignée qu'il pourra jouer.

Cette méthode est pratique et simple car on n'utilise qu'un jouet. D'autres méthodes d'initiation utilisent des jouets imprégnés de l'odeur des matières, mais cela implique d'avoir plusieurs jouets.

Selon les matières de chaque discipline, elles sont à utiliser dans un ordre spécifique en rapport avec la difficulté des effluves qu'elles portent.

Les matières utilisées sont souvent des produits de synthèse qui sont moins dangereux et plus facile à l'utilisation

3 variation des environnements

Ensuite on peut alors commencer à varier les lieux de planques en milieu fermé (bâtiments, voitures, etc...) et en milieu ouvert (murs et clôtures extérieurs, terrains etc...)

D'abord sur des petites zones (5m de longueur, le tour d'une voiture etc...), on étend peu à peu à une pièce, le tour et l'intérieur d'une voiture etc..., et on y intègre au fur et à mesure des difficultés.

On y ajoutera aussi la recherche sur des humains (si risque de pincement, utiliser une muselière panier).

L'assistant prendra soin de se servir de gants plastiques propres et lavés à l'eau claire pour ne laisser aucune trace d'odeur.

Il pourra toucher un peu partout le mobilier ou la structure dans le lieu de recherche pour être sûr que le chien ne va pas chercher l'odeur de l'assistant mais être sûr qu'il va bien rester sur celle de son jouet ou de la matière recherchée.

Les difficultés seront liées à l'environnement : températures, intempéries, vent etc..., circulation de l'air, matière (densité et odeur) des mobiliers et bâtiments du lieu de recherche etc…, hauteur des possibilités de planques possibles, difficulté de l'odeur cherchée, volume de la matière recherchée etc…

En mise en situation réelle, parfois la matière aura pu être déplacée, mais l'odeur y sera restée imprégnée un certain temps après. Le chien va alors marquer l'endroit sans qu'on trouve la matière recherchée. Dans le doute on ne gronde pas son chien et on le relance derrière sur sa recherche. S'il n'y a aucune découverte, on lui propose un exercice de recherche avec découverte d'une matière juste derrière pour le laisser sur quelque chose de positif.

C'est pourquoi les entraînements devront être très réguliers afin de s'assurer de la fiabilité de l'équipe et du chien.

2   utilisation du chien de recherche

Les chiens sont utilisés en général pour une seule discipline de matière et ce pour être sûr du produit détecté ce qui pourrait être compliqué autrement.

Lorsqu'ils sont utilisés en double spécialité (défense et recherche), le travail devient plus compliqué car souvent le mordant l'emporte sur la recherche, car c'est un exercice beaucoup plus motivant, qui fait appel à des instincts qui excitent davantage.

De plus, pour la recherche, il est préférable d'avoir des chiens sociables puisqu'ils devront évoluer au milieu du public ou des équipes participantes.

Pour la défense du maître, il est fortement utile et complémentaire de développer et d'utiliser le flair du chien.

Ainsi il sera beaucoup plus opérationnel dans le travail qui lui est incombé notament dans la recherche en piste-défense (rechercher un individu malfaiteur en fuite) et en désignation ou détection d'individu.

Acquérir un chien engage sa responsabilité pour la vie de celui-ci, 10/14 ans pour les gros gabarits, 16/18 pour les moyens et les petits ; une longue tranche d'existence partagée pour le meilleur et pour le pire. Les chiens sont des êtres nés en captivité pour le plaisir des humains, on s'engage auprès d'eux pour qu'ils ne manquent de rien afin d'assurer leur protection et leur bien être.

À l'instar des animaux sauvages et de compagnie et des certificats de capacités qui ont été mis en place pour les détenir, les lois se mettent aussi en place pour les chiens afin de leur offrir

des conditions de vie qui répondent à leurs besoins.

Les chiens nous permettent de mieux intégrer le monde qui nous entoure puisque nous
évoluons dans un environnement fait de faune et
de flore. Il est important de le comprendre et de
le protéger pour notre survie commune. Cela
nous permet d'atteindre un niveau supéroeur de
conscience en empruntant des chemins de par-
tage et des moments de complicités heureuses.

Pour aller plus loin

Certains ont un grand coeur, ce qui les pousse à récupérer beaucoup d'animaux mais à leur détriment, ce qui n'est pas normal ; ils n'ont pas à endosser la responsabilté des autres ; car chacun doit assumer ses actes et ne pas reporter ses inconséquences sur les autres, ceci pour le bien de l'humanité. Il vaut mieux s'investir sur des structures déjà existantes et s'unir à des personnes déjà investies.

Faire une sélection des chiens reproducteurs sur leur bonne sociabilité envers les humains et les chiens et leur facilité d'écoute.

Faire systématiquement une partie pension à la création d'un refuge afin de proposer des solutions pouvant éviter d'éventuels abandons, et aussi apporter de l'argent à l'association.

Les chiens en pension seront sortis matin et soir en parc pour qu'ils gardent un contact et qu'ils soient accompagnés au mieux dans cette situation. C'est plus écologique et c'est un gain pour le nettoyage, cela permet aussi de garder les chiens propres.

Je préconise des gabarits ne dépassant pas les 30 max 35 kg, car ils font aussi bien leur travail de gardien et comme je l'ai déjà dit, pour des raisons physiologiques, ils vieillissent mieux, le coût financier est moindre et les déplacements facilités ; je pense aussi qu'il faut réguler notre consommation le plus possible d'une manière générale.

Penser si l'on vit seul à désigner quelqu'un de consentant pour récupérer son chien si il nous arrive quelque chose, voir préparer une assurance vie en sa faveur pour assurer sa prise en charge à vie en cas de décès.

Priviligier l'adoption de chiens matures pour les gens d'un certain âge

Privilégier l'adoption, mais si on décide d'acheter un chiot, choisir des éleveurs soucieux du bien être de leurs animaux, qui vont prendre le temps de vous informer, de vous poser des questions sur votre habitat, et assurer le suivi tout au long de la vie du chien. Ainsi on évitera d'alimenter le circuit des éleveurs qui ne sont pas sérieux et responsables.

Préparer sa présentation du chien à l'examen de „l'évaluation comportementale" qui comme tout examen devrait se préparer. Pour moi ce qui est important avant tout est que le maître sache contrôler son chien.

Il serait plus logique que cette évaluation se fasse le jour de la journée de formation des possesseurs de chien de catégorie, comme je la propose dans mon centre et où j'inclu deux cours pratique des chiens avec leur maître participant.

Ce permis doit exister pour tout chien et non pour seulement certaines races.

Les gestes de sécurité sont importants à connaître pour tout maître qui risquent de rencontrer d'autres chiens sur leur route moins cohopérent.

Faire un stage dans un centre canin avant d'acquérir un chien pour s'assurer qu'on va choisir le bon compagnon et qu'on va pouvoir en assumer la responsabilité ou dans le cas contraire, préférer s'occuper de chien en refuge si on n'a pas la vie adéquate pour en accueillir un à la maison.

Coordonnées de l'auteure :

Séverine Lesourd, Trilbardou (77450)

06.63.90.92.67

https://www.severine-lesourd.com/

Merci à mes amis et à ma famille qui m'ont soutenue et suivie dans mes passions et mes projets, qui ont cru en moi et en mes valeurs.